创业投资基金理论与实践

杨晓惠 著

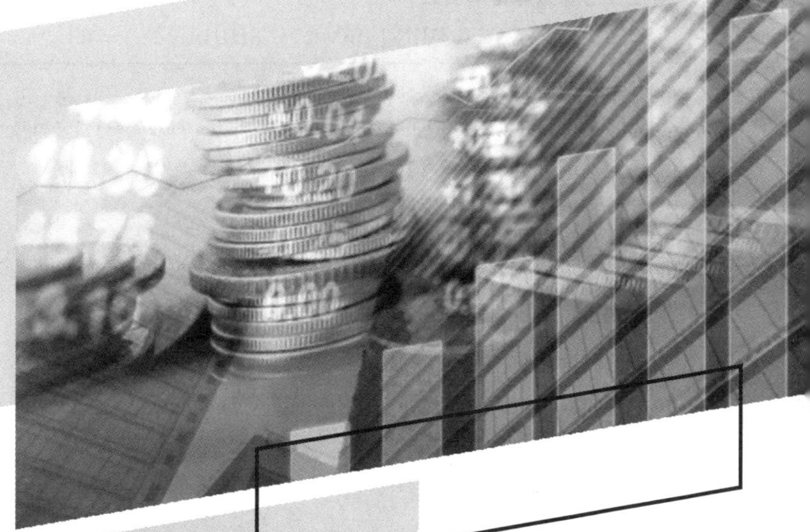

辽宁大学出版社 Liaoning University Press | 沈阳

图书在版编目（CIP）数据

创业投资基金理论与实践/杨晓惠著. --沈阳：
辽宁大学出版社，2024.5
　　ISBN 978-7-5698-1564-1

　　Ⅰ.①创… Ⅱ.①杨… Ⅲ.①创业投资基金 Ⅳ.
①F830.91

中国国家版本馆 CIP 数据核字（2024）第 076387 号

创业投资基金理论与实践
CHUANGYE TOUZI JIJIN LILUN YU SHIJIAN

出 版 者：	辽宁大学出版社有限责任公司
	（地址：沈阳市皇姑区崇山中路 66 号　邮政编码：110036）
印 刷 者：	沈阳市第二市政建设工程公司印刷厂
发 行 者：	辽宁大学出版社有限责任公司
幅面尺寸：	170mm×240mm
印　　张：	10.5
字　　数：	151 千字
出版时间：	2024 年 5 月第 1 版
印刷时间：	2024 年 5 月第 1 次印刷
责任编辑：	于盈盈
封面设计：	韩　实
责任校对：	吴芮杭

书　　号：	ISBN 978-7-5698-1564-1
定　　价：	48.00 元

联系电话：024-86864613
邮购热线：024-86830665
网　　址：http://press.lnu.edu.cn

目 录

第一章 引言 ··· 1

 第一节 研究背景 ·· 1

 第二节 文献综述 ·· 4

第二章 相关概念及理论框架 ··· 15

 第一节 创业投资引导基金的概念 ································ 15

 第二节 创业投资引导基金理论研究 ···························· 30

 第三节 创业投资引导基金运行系统 ···························· 34

 第四节 创业投资引导基金的基础理论 ························ 40

第三章 创业投资引导基金设立的必要性分析 ···················· 47

 第一节 政府设立创业引导基金的理论依据 ·················· 47

 第二节 政府设立创业引导基金的现实依据 ·················· 54

 第三节 创业投资引导基金推动经济高质量发展的

    内在机制 ·· 59

第四章 创业投资引导基金发展的现状 ······························· 72

 第一节 我国创业投资引导基金发展历史 ····················· 72

第二节　创业投资引导基金的制度建设与发展现状 ………… 75

第五章　创业投资引导基金国外经验借鉴 ……………………… 82
　第一节　国外创业投资引导基金制度的有益借鉴 …………… 82
　第二节　国外创业投资引导基金发展的启示和借鉴 ………… 89

第六章　科技成果转化创业投资基金基本架构——以辽宁为例 … 93
　第一节　架构背景 ……………………………………………… 93
　第二节　科技成果转化创业投资基金的概念、特点
　　　　　及作用 ……………………………………………… 96
　第三节　科技成果转化创业投资基金的现状及易
　　　　　发生的风险 ………………………………………… 103
　第四节　创业投资引导基金的产生、运作和成效
　　　　　的经验借鉴 ………………………………………… 111
　第五节　辽宁省科技成果转化创业投资基金的基本架构 … 122

**第七章　科技成果转化创业投资基金投资运营机制研究
　　　　——以辽宁为例** ……………………………………… 126
　第一节　科技成果转化创业投资基金投资模式 …………… 126
　第二节　科技成果转化创业投资基金的退出风险 ………… 129
　第三节　科技成果转化创业投资基金风险控制 …………… 132

第八章　政策建议 ………………………………………………… 138
　第一节　进一步完善政府引导基金的行业结构和
　　　　　市场机制 …………………………………………… 138
　第二节　创新政府引导基金的融资机制 …………………… 140

第三节　多维度完善科技成果转化体制 …………………… 141
第四节　搭建宏观政策协调的新机制 ………………………… 142
第五节　因地制宜式调整政府引导基金的存量和增量 …… 143
第六节　完善政府引导基金推动区域创新的管理机制 …… 144
第七节　优化政府引导基金推动区域创新的金融环境 …… 146
第八节　深化财政推动区域创新的制度改革 ……………… 147

参考文献 ………………………………………………………… 148

第一章 引 言

第一节 研究背景

当前，我国经济已由高速增长阶段转向高质量发展阶段。要实现经济高质量发展，我们仍面临许多问题，其中最主要的是结构性问题。李佐军（2016）将其归纳为产业结构、区域结构、要素投入结构、排放结构、经济增长动力结构和收入分配结构等六个方面的具体问题。例如，产业结构中高科技含量、高附加值的产业占比较低；区域结构发展不平衡、不协调、不公平；要素结构中对技术、知识等重视不足；排放结构中的废水、废气、废渣、二氧化碳等排放比重偏高；经济增长动力主要依赖传统"三驾马车"，创新能力还不强；收入结构中，城乡、行业、居民收入差距还比较大。

要实现经济高质量发展，应"以供给侧结构性改革为主线，推动经济发展质量变革、效率变革、动力变革"。这要求我们建立现代化的产业结构体系，既包括使三次产业的比重合理，又包括使高新技术产业的占比不断提高；形成良好的区域经济发展态势，如要素在区域之间合理流动，实现区域间的优势互补、发展差距缩小，将发展的动力从依靠要素投入转移到依靠创新创业驱动上来。这些目标的实现，离不开供给侧结构性改革的一系列制度安排。

创业投资引导基金是政府为吸引更多社会资金扶持创新创业而设计的新型融资机制，其最终目的是促进经济高质量发展。区域协调发展以区域间形成合理的产业布局为基础，而产业结构的合理化和高级化则依赖于创新、创业驱动。但创新、创业又需要大量的社会资金参与,仅仅依靠私人资本根本无法实现。从欧美等西方经济发达国家的历史经验来看,创业投资引导基金可以发挥引导和杠杆放大作用,对创新创业具有重要的影响。

如何让创业投资引导基金发挥更大的价值,更好地服务于经济高质量发展,成为经济高质量发展的重要政策工具,是一个需要系统研究的问题。创业投资引导基金如何推动经济高质量发展,创业投资引导基金通过影响哪些结构性因素来促进经济高质量发展,这其中的内在逻辑需要系统地挖掘与研究。

目前,大多数关于创业投资引导基金影响或作用的研究主要集中在两个方面:一是直接作用方面,如引导效应、杠杆效应;二是财政资金保值增值效应,如衡量投资引导基金投资决策及其与设定目标的匹配度等。尽管创业投资引导基金对创新创业的影响受到了许多学者的关注,但整体上还没有与经济高质量发展这一重要背景相联系。

经济高质量发展具有非常丰富的内涵,本书重点关注它与创业投资引导基金联系比较紧密的一个侧面,即通过"创新－创业－产业结构－区域经济"来分析创业投资引导基金与经济高质量发展的内在机理。创业投资引导基金为企业的研发创新,尤其是高新技术企业的发展提供包括资金在内的多元化支持,强化了经济高质量发展的微观动力单元。创业投资引导基金与创新行为的良性互动,也将为潜在的企业家提供创业的新机会,培育壮大更多具有活力的市场主体。创业投资引导基金与创新创业之间的交互影响和良好生态构建,在直接助力高新技术产业、新兴产业发展的同时,通过产业上下游供应链、技术链等复杂协作,为产业结构转型和优化升级、现代化产业体系的建立提供了产业基础。产业结构的变迁和合理布局也将对区域经济协调均衡发展产生积极影响。伴随产业结构的适应性转移、要素的适应性流动,基于不同区位优势和资源禀赋的区域有可能加速形成优势互补且联系紧密的经济区。

创业风险投资是为科技型的高成长型创业企业提供股权资本,

并为其提供经营管理和咨询服务，以期在被投资企业发展成熟后，通过股权转让获得中长期资本增值收益的投资行为。作为资本运作的特殊形式，创业风险投资对我国经济社会的发展起了巨大的推动作用。《中国创业风险投资行业发展报告 2011》显示：2010 年度，我国创投机构所投资企业就业增长了 17.7%，是全社会平均水平的 4.72 倍；研发投入增长 30.25%，是全社会平均水平的 1.49 倍；销售额增长 35.21%，是全社会平均水平的 3.42 倍；所创造的工业与服务业增加值增长 36.63%，是全社会平均水平的 3.38 倍；缴纳税金增长 29.87%，是全社会平均水平的 1.3 倍，这些都彰显了创业风险投资对经济社会发展的积极贡献。

经过十多年的发展，中国的创业风险投资行业已经取得了显著成果。但多年以来，中国创业风险投资行业始终存在两个难以解决的问题：一是政府在创业风险投资资本构成中所占比例过高。《中国创业风险投资行业发展报告 2011》统计显示，中国创业风险投资行业实收资本来源中，财政和国有机构比重合计为 61.22%，非国有、个人和外资比重合计为 38.78%，民间资本进入明显不足。政府财力是有限的，单靠政府资本无法支撑创业风险投资市场规模的迅速扩增。同时，政府资本受所有者缺位、多头管理等因素影响，运行效率不高，特别在创业风险投资这样高风险的行业，其运行风险将被放大。因此，能否吸引民间资本积极进入，对于扩大创业投资行业资本来源、优化创投企业治理结构有非常重要的意义。二是目前我国创业风险投资对种子期和起步期项目投资比重偏低，而对成熟期项目的投资数量和投资金额不断上升，存在着所谓行业"市场失灵"现象。高新技术企业从成立到成熟需要经历多个阶段，每个阶段都需要资金、管理等支持，如果创业投资只集中于成熟期项目，势必造成最需要资金支持的早期企业无法获得足够发展资金。这将使创业风险投资行业结构失衡，失去其存在的真正价值。以上两个问题正严重影响着整个中国创业风险投资行业的运行效率，导致行业发展结构不合理，制约整个行业的长期稳定健康成长。

为此，我国政府应积极借鉴一些创业风险投资先进国家的成功经验，大力推行创业投资引导基金政策，以求通过设立创业投资引导基金，转变政府参与扶持创业风险投资活动的方式。应发挥引导基金的"杠杆效应"，提升非国有经济成分在创业风险投资活动中的比重。同时，引导创业资本转向种子期和起步期的创业企业和高科技企业，解决创业风险投资行业市场失灵问题。

在这样的背景下，有必要加强对创业投资引导基金运行机制的研究。通过机制优化促进引导基金运行效率提升，更好地发挥引导职能，激励民间资本积极参与，共同促进我国创业风险投资行业乃至整个国民经济的发展。

第二节　文献综述

由于创业投资引导基金制度总体而言还是一项新兴制度，因此国内外有关研究相对较少，研究角度和主题也非常分散。笔者从国外、国内两个方向，对与创业投资引导基金有关的各类文献进行总结分析。

一、国外关于创业投资引导基金的研究

国外对创业投资引导基金的研究主要集中在以下几个方向。

（一）政府制度（政策）对创业投资活动的影响

伴随创业投资行业的发展，国外学者很早就注意到包括政府制度（政策）在内的外部环境会对创业投资活动产生很大的影响。Leinbanch 和 Amrhein（1990）详细调查了创业资本在不同地区获得的难易程度和其对科技型中小企业的影响。他们发现就资本来源而言，加利福尼亚州、纽约州、马萨诸塞州和伊利诺伊州约占全国的75%；而加利福尼亚和新英格兰地区运用创业资本更为集中，占全国的61%。他们认为这种地域分布的不均衡显然无法用古典经济学的供给需求理论加以解释，必须放在其发展的外部商业环境中加以考虑。

第一章 引　言

AnnaLee Saxenian（1994）在《区域优势：硅谷与 128 号公路的文化和竞争》一书中提到，麻省理工学院和哈佛大学等高等学府都建立在波士顿 128 号公路附近，而这一路段又靠近纽约这一金融和商业中心，硅谷在技术和资金取得的便利性上是远远落后于这一地区的。但令人费解的是，美国风险投资发展最好的地区是硅谷而不是 128 号公路地区。AnnaLee Saxenian 认为，造成这一现象的重要原因是创业文化上的差异。她进一步说明造成创业文化差异的根本原因是制度差异，在某些时候，制度差异可能会比其他因素更能影响风险投资的发展。

Bygrave 和 Timons（1992）对美国创业投资外部环境进行了全面的审视和考察，他们提出，创业投资内核由资本、人、产品和服务市场以及支撑组织构成。围绕这一内核，他们建立了四个外部环境的模型，分别是政府政策环境（包括教育、社会保障、科学发展计划、产业组织法律法规、资本市场法律法规）、文化社会价值环境（包括企业家的示范效应、对经验和成绩的认可、社会对失败的宽容、对企业家精神的鼓励、雇员工作的流动性、投资者的积极参与）、机构模型（私人研究机构、政府研究机构、传授企业家精神的师资队伍、大公司和大学）和地区环境模型（地区基础设施、地区商业环境政策、邻近的资源、工业的组合与集中）。他们的研究为创业投资环境评价提供了重要的依据。

James M. Poterba（1989）提出，1978 年，美国的减税对其创业投资发展起了很大推动作用。1979—1989 年创业投资的增长主要源于免税的机构投资者加入，美国《雇员退休收入保障法》使退休人员保险金被允许进入创业投资行业。普林斯顿大学 Anand 与 Bharat Narendra（1994）的实证研究认为，减少个人所得税不能刺激创业资本的投资，而资本利得税的变化对创业资本有显著的影响。税收变化不仅影响创业资本的进入决策，而且影响其退出决策，税收增加将显著地使退出决策延迟。因此，政府税收激励应着力于与资本利得相关的问题上。Christian Keuschnigg 与 Soren Bo Nielsen（2002）通过分别建立传统部门和创业部分的分析框架，考虑在不同的工资和资本利得税、综合收入税、累进税制以及对于创业部门的投资和产出补贴等条件下，研究税收政策对于创业风险投资活动的影响，包括税收对于管理建议、企业家能力和福利的均衡水平的影响。

Leslie Ajeng（2000）通过对 21 个样本国家风险投资发展主要因素的实证检验发现：政府政策，不论是通过健全制度，还是通过在低迷时期刺激投资，都对创业风险投资有重要影响。在文章的最后作者提出，在目前对风险投资后期投资研究较为深入的情况下，理论界非常有必要将注意力转向在风险投资的早期阶段和政府参与的风险投资上。Douglas Cumming、Grant Fleming 与 Armin Schwienbacher（2006）以 12 个亚太地区国家的创业风险投资所投资的 468 家公司以及 12 个国家的创业风险投资家在美国进行的投资为样本，就法律环境对于创业投资的影响进行了实证研究。研究结果显示：IPO 更可能出现在具有更加完善法律环境的国家；法律体系的质量和股票市场规模相比，与创业投资利用 IPO 进行退出有更加直接的联系；完善的法律环境可以培育并促进 IPO 市场和创业投资市场的共同发展，是减轻外部股东和企业家之间代理问题的主要保障。

MarcoDaRin、Giovanna Nicodano 和 Alessandro Sembenelli（2006）利用数据研究了公共政策如何有助于创立活跃的创业投资市场。其中创新性地提出了"创新比率"的概念，英文为"innovationratios"。"创新比率"被定义为早期（或高科技）占全部风险投资的比率。通过对 1988 年到 2001 年间 14 个欧洲国家的数据进行比较，得出了不同结果。经过研究发现：目的在于提高项目预期收益的政策在改变创业投资市场组成上更成功，股票市场的存在和资本利得税率的降低都能增加早期和高科技投资的份额。研究还发现，企业家壁垒的降低导致了高科技投资比率大幅度增长。比较来看，公共研发对于创新比率没有影响。

（二）政府对创业投资活动的直接干预

考虑到政府制度（政策）会对创业投资活动产生影响，一些学者开始思考是否能够通过政府的直接干预来解决创业投资行业发展中存在的一些问题，促进创业投资行业的健康发展。

OECD（1997）通过对组织内国家的研究发现：OECD国家政府越来越多地启动直接刺激创业投资发展的计划，极力吸引投资人到新兴的、风险更大的中介（vehicle）机构，进而实现其他手段无法实现的就业和财富的创造。在引导风险资本方面，这些计划扮演了重要的角色。

Aernoudt R.（1999）研究发现欧洲在风险投资领域大幅落后于美国，为此，欧洲启动了政府的干预政策。笔者对比了不同的干预政策，并认为直接资金支持的效果好于间接补贴。Sophie Manigart和Christ of Beuselinck（2001）通过对1989—1999年欧洲十国（比利时、芬兰、法国、爱尔兰、意大利、荷兰、挪威、西班牙、瑞典和英国）实证数据的研究认为，低水平的早期风险投资导致政府风险资金供给的提高。

Kanniainen和Keuschnigg（2001）指出，初创企业经常缺乏商业经验，而创业风险投资家可以弥补这一不足，相应提高创业企业的成功率。但是，由于有经验的创业风险投资家在短期内不容易迅速增长，因此，短期内增加创业风险投资资本，将导致每个创业风险投资基金拥有更多的投资组合。这将使创业风险投资家的管理成本增加，从而稀释创业风险投资家管理投入的质量。随着创业风险投资家的数量逐渐增加，每个风险投资基金管理的投资组合降低，创业风险投资家可以更加关注投资组合中企业的发展并给予管理支持。另外，支持创业风险投资产业发展的政策应当不仅仅关注创业风险投资资本供给的增加，还应该更关注风险投资家的供给。相比融资来源供给而言，缺乏对于初创企业管理的支持供给可能更是一种限制创新企业发展的瓶颈因素。

Benoit Leleux与Bernard Surlemon（2003）在控制法律体系特征不变的情况下，分析了欧洲15国在1990年至1996年期间公共来源和私人来源的风险资本投入情况后，发现大量的公共参与是与创业风险投资产业发展相联系的。公共资本投入并没有对私人资本产生挤出效应，而是在总体上带动了更多的私人资金进入风险投资行业。他们认为，公共干预的影响，不论其动机如何都是真实的，并且可以发出政府对创业风险投资长期许诺的信号，为创业风险投资产生示范和鼓励的社会效益。

European Commission（2005）基于专家咨询团就"早期股权融资的政府支持中最好的实践"的工作形成了专题研究报告，报告就欧盟及其成员国在支持早期股权融资中的政府支持行为进行梳理。在考察了欧盟市场发展后认为：在早期股权融资方面存在长期的市场失灵问题，这需要政府部门的介入。

Collewaert、Manigart 和 Aernoudt（2007）评估了政府对商业天使网络项目（BANs）的补贴是否有助于促进区域经济发展。研究表明：首先，商业天使网络项目（BANs）有助于减少企业面临的信息和财政困难；其次，这些企业本身对区域经济发展做出了贡献；最后，商业天使网络项目（BANs）还有很多积极的间接效应。研究得出初步结论：政府商业天使网络项目（BANs）的辅助作用是存在的。

Colin M. Mason（2008）研究了市场失灵造成中小企业融资缺口的问题，这促使公共部门进行干预以支持"资金供给"。笔者回顾了欧洲政府干预风险投资模式的变化，并主张政府应该以恰当的方式介入风险投资业。

（三）各国创业投资引导基金实践的总结

在欧美国家，政府通过设立创业投资引导基金的方式来推动创投行业的发展日益普遍，相关引导基金实施情况的实证研究也成为该领域研究的热点。关于各国创业投资引导基金实践的研究大体可以分为两类。

一类是对单个国家个别案例的研究。如 Maula 和 Murray（2003）负责主持了一项对芬兰引导基金（该引导基金以公司形式设立，为芬兰产业投资有限公司）进行的评估，目的在于客观地评估其重要性、效率和有效性。该研究发现，在芬兰引导基金运作中，政府提出了盈利的要求，这导致了它在实际运作中主要寻求后期阶段的投资以满足盈利目标。芬兰引导基金对盈利目标的关注导致其在解决市场失灵问题上有效性降低。报告认为,芬兰引导基金应该更直接地关注解决市场失灵领域问题。报告还指出,芬兰引导基金应该采用间接运行模式,并且应通过不对称利润分配方式,激励私募投资专家设立主要投资于种子期和初创期的风险投资基金。在区域创业风险投资供给的市场失灵方面,也应该采取同样的间接措施。此外,在吸引包括欧盟在内的国外资金流入芬兰早期创业风险投资基金方面,芬兰引导基金扮演了积极的角色。

Karsai(2003)认为,匈牙利的创业风险投资虽然处于较高的发展水平,但对于小型、初创期企业的风险投资的资本供给不足仍然是一直没有解决的问题。连续几届匈牙利政府毫无例外地都认识到了创业风险投资的重要性,并致力于提高创业风险投资的供给水平。但是,由于几乎排他性地依赖于直接介入、没有借鉴西方激励私人部门创业风险投资者的经验,这些努力被认为是无效的。政府的介入方式应该避免越过私人部门而直接进行投资,应作为私人部门投资者的补充,和私人部门投资者共同投资。通过降低私人部门投资者的风险并且提高收益的方式,可使得经济发展目标和创业风险投资产业发展目标同时实现。

GilAvnimelech 与 Morris Teubal(2006)以以色列的 YOZMA 引导基金发展过程作为研究对象,基于过去 35 年中以色列出现的相关高科技密集型创业集群,提出了一个创业风险投资的产业生命周期模型。Sofia Johan 和 Douglas Cumming(2007)研究了澳洲两大政府扶持风险投资工程之一的 PSF 计划,结果显示,PSF 计划是澳洲种子期项目的主要投资方,但它没有明显倾向于投资高科技公司。此外,PSF 的单位项目经理人所管理的平均项目较少,他们更倾向于投资属于同辖区的风险企业,但其分阶段投资和联合投资并不比其他类型风险投资机构更频繁。

这类研究还包括 Yasushi Hamao、Frank Packer 和 Jay R. Ritter(2000)、Toru Yoshikawa、Phillip H. Phan 和 Jonathan Linton(2004)等对日本的创业投资引导基金发展状况,并对其成功和不足

之处进行了总结。Rayda SilvaRosa、Gerard Velayuthen 和 TerryWalter（2003）、Cumming（2007）等对澳大利亚创新投资基金（Innovation Investment Fund，简称 IIF）的运作进行了研究，并分析了 IIF 实施的效果。

另一类是对若干国家引导基金实施情况的比较研究。Douglas Cumming（2005）以实证的方法研究了 1982—2005 年澳洲 280 个风险投资公司对 845 个风险企业的投资，并将澳洲的政府扶持工程（IIF）与加拿大、英国、美国的政府扶持工程作比较。得出的结论是：尽管澳洲政府风险投资工程的成功退出率不高，但成功培育了澳洲风险投资发展的土壤。Douglas Cumming（2007）还研究了加拿大的风险投资政府工程（LSVCCs），他认为加拿大政府风险投资工程未完成扶持中小企业的计划，应该进行改革以调整到更好的模式。

Clarysse（2009）等人对英国、美国和以色列三国创业风险投资产业发展进行了比较。美国的创业风险投资产业历史最久，非常关注早期阶段。以色列创业风险投资产业发展相对年轻，主要关注早期阶段和高科技部门。以色列创业风险投资产业利润主要来自美国和美国公司对以色列高科技企业的投资。因此，研究认为，这种产业增长路径不能被欧洲所模仿。研究还指出，英国创业风险投资产业是欧洲发展最早的，但并非像美国和以色列一样关注早期投资和高科技投资。他们得出以下结论：应建立政府发起的基金（Fund-of-Fund），由私人部门管理，以增加资本供给、吸引私人部门投资者投资市场失灵领域、改善创新型高成长企业的退出环境。同时，他们还指出，欧洲股票市场太小并且分散，不能为风险投资的企业提供足够的流动性。

二、国内关于创业投资引导基金的研究

对于创业投资引导基金的研究，国内学者主要从政府参与的必要性、创业投资引导基金发展模式的借鉴、我国创业投资引导基金发展状况及相关建议等方面进行了全方位、多角度的讨论，形成了

大量有价值的学术文献。

(一) 政府参与的必要性

中国由于处于市场经济发展初期，市场机制尚不健全，因此发展创业风险投资必须重视发挥各级政府的积极作用。关于政府行为与创业风险投资产业发展的相关研究始终是创业风险投资研究领域中的一个重点分支。

辜胜阻、刘入领和李正友（1999）最早提出高技术产业关系到国家的综合竞争力和经济安全的观点，而科技风险投资是一种高风险的投资，具有极大的外部性和不确定性，必然导致市场失灵。这就要求政府采取适当的措施纠正风险投资领域的市场失灵，从而为政府干预提供理论基础（章彰与傅巧灵，2000）。

李万寿（2005）提出，国有资本应当介入创业资本，运用国有资本对基金投资经理和创业企业家的信用风险进行补偿，最终调动创业资本家的积极性。国有资本在创业资本形成中具有三方面作用，即引导作用、信用支持作用、放大作用。同时，对国有资本创业资本引导基金的制度设计进行了初步设想。

闻岳春与程同朦（2008）认为，我国风险投资起步较晚，还存在资金总量不足、种子期投资比率比较低等诸多问题，政府应在风险投资领域发挥积极作用。当前，由于我国的市场经济不健全，政府的作用尤其是对市场的弥补作用尤为重要，但一定要适当把握政府在创业风险投资中的定位问题。

张小蒂（1999）、马全军和张玮（1999）、杨青与和忆（2000）、郑安国（2000）等人也都认为政府与市场的职能不能错位，政府不可越俎代庖。政府应在我国创业风险投资的发展中扮演"启动者+引路人+裁判员"的角色，而非"垄断者"或"寡头"的角色。政府不应也不能主导或主办创业风险投资，应是辅角而非主角。陈和（2006）认为，政府由于其自身制度、能力、道德和资金缺失等方面的原因，不适合做创业风险投资主体，但这并不妨碍政府在创业风险投资行业有所作为，而政策性引导基金是政府介入创业风险投资行业的较好选择。

（二）创业投资引导基金发展模式的借鉴

我国对创业投资引导基金政策的研究起步较晚，所以政府部门及学者都积极借鉴国外发达国家和地区在创业投资引导基金政策方面的经验。很多学者对以色列、美国、英国、新西兰等国，以及我国台湾地区引导基金的现状进行了介绍与比较研究。如房汉廷、王伟光与郭戎（2004）、焦利军（2007）、蒋芬与宁建荣（2008）、刘涛（2008）等人都对以色列的 YOZMA 引导基金进行了介绍性研究。焦利军（2007）、蒋芬与宁建荣（2008）等人对美国 SBIC 计划进行了初步研究。杨军与褚保金（2006）从功能目标、主要特点、运行模式等方面对新西兰创业风险投资基金（Venture Investment Fund）进行了一般性介绍。赵成国与陈莹（2008）经过我国台湾地区在引导基金方面的探索和试验，认为引导基金具有杠杆效应和导向效应。尹睿哲（2009）对美国的小企业投资计划（SBIC）、以色列的 YOZMA 基金、澳大利亚创新投资基金计划（IIF），以及我国台湾地区的种子基金计划进行了比较研究。

刘健钧（2004）通过对创业风险投资发达国家和地区的经验的介绍，指出通过政策性创业投资引导基金，引导民间资金设立商业性创业风险投资基金是重要经验，并总结了引导基金的基本规律。刘健钧（2007）对以色列引导基金、英国政府创业风险投资基金、美国的小企业投资公司促进计划，以及我国台湾地区的创业投资引导基金等进行了研究，认为引导基金起到了双重引导作用。一是引导民间资金设立商业性创业风险投资基金；二是引导创业风险投资基金投资处于创业早期的企业，弥补一般创业风险投资基金主要投资处于成长期、成熟期和重建期企业的不足。

曲宏与修军（2001）对照国外政府在创业风险投资业发展中的实践结果，对中国目前的创业风险投资行业现状进行剖析。在此基础上提出，政府应该通过提供金融支持的政府机构、税收优惠、有关法规条例、退出机制等，在中国科技创业风险投资体系中主动发挥作用。这些研究为我国引导基金的发展提供了很好的借鉴和启示。

（三）我国创业投资引导基金的发展情况

焦利军（2007）介绍了上海、天津和山西引导基金的情况，并认为政府直接参与支持易发生过分的行政干预而造成市场扭曲。因此，可以委托商业性创业风险投资机构负责管理政策性基金，发挥政府引导作用的同时避免行政干预；引导基金应确保一定规模，以保证自身循环运作；同时，发挥当地骨干创投机构的作用等。

蒋芬与宁建荣（2008）对国内创业投资引导基金的类型和运行模式进行了初步研究，将创业投资引导基金分为三类：政府主导型、地方政府出资型和地方政府与国家开发银行联合设立型。他们的文章从设立规模、运作方式等方面对浙江省建立省级创业投资引导基金提出了建议。

谭祖卫与胡芳日（2008）分析了我国引导基金发展的现状，对北京海淀区、上海、天津、北京中关村设立的引导基金进行了一般性介绍，并对实际运作中出现的问题进行了分析。刘涛（2008）对中关村设立的创业风险投资引导资金进行了介绍。"中关村创业风险投资引导资金"既直接投资于企业，也设立引导资金，其运作已超出了一般意义上的引导基金的范畴，其投资于不同发展阶段的企业，形成一个完整的资金链条。他还对开发银行参与滨海新区引导基金提出了运行模式建议。高亚萍、王蓓蓓与周密（2008）分析了《科技型中小企业创业投资引导基金管理暂行办法》规定的四种对创业风险投资的支持方式，包括阶段参股、跟进投资、风险补助和投资保障，并对各地方政府设立的投资引导基金及支持方式进行了梳理。李开孟（2009）对政府性创业投资引导基金的运行方式进行了总结，认为应该主要采取三种运行方式：一是补偿基金，二是引入担保机构，三是建立"基金的基金"。杜朝运与郑瑜（2009）通过对海峡两岸经济区经济结构与科技研究现状的分析，认为创业投资引导基金应该成为海西产业升级和区域发展的助推器，并借鉴台湾种子基金的发展模式为大陆创业投资引导基金的发展提供了参考和建议。

（四）对我国发展创业投资引导基金的相关建议

张小蒂（1998）、范柏乃与马庆国（1998）、张承惠（2000）、赵西萍、徐海波与张长征（2002）、张陆洋、刘崇兴与张仁亮（2007）等人都认为我国政府和金融主管部门应采取多种措施对新生的创业风险投资基金予以扶持，我国政府应该构建允许获得与高风险相对应的高回报的政策体系，鼓励创业风险投资和创业基金的发展。

钱苹与张帏（2007）认为，应该进一步完善我国创业风险投资的外部政策环境，那些希望长期从事创业风险投资业的本土创业风险投资机构必须努力完善内部长期激励约束机制。

张戟（1998）、苏启林（2002）、刘健钧（2007）建议通过税收刺激和鼓励来推动我国创业投资引导基金的发展。张承惠（2000）、范柏乃、沈荣芳与陈德棉（2000）、郭斌（2001）、张东生与刘健钧（2002）、刘健钧（2004）、钱苹与张帏（2007）等人从法律视角对创业投资引导基金的发展给予了相关建议，认为应该尽快完善相关法律法规。对于其他创业引导基金运行的建议包括：何建洪与马凌（2008）指出创业投资引导基金参与的创业风险投资中，存在政府政策性目标与基金经理人营利性目标的矛盾，并对如何防范合谋风险进行了相关机制探讨和设计；张晓晴（2008）基于中国创业风险投资发展的新阶段，对引导基金三层委托代理关系进行了分析，提出了探索建立"两合基金"的治理模式，同时建议制定国有创业资本退出的有关规定和建立科学合理的引导基金考评机制；顾骅珊（2009）对创业投资引导基金在创业风险投资中的功能定位以及如何优化创业投资引导基金的策略选择进行了研究，并建议将引导基金委托给专业的创业投资管理机构管理。

第二章 相关概念及理论框架

第一节 创业投资引导基金的概念

一、创业投资

"venture"一词的最初意义是"冒险"。它源于15世纪末，英国等西欧国家开展远洋贸易时需要创建贸易企业，这些贸易企业具有合伙性质，并且要冒较大的风险。刘健钧（2003、2004）提出："根据语言分析哲学创始人维特根斯坦的观点，语言符号的物质外壳与其所表征的实际意义并不是简单地一一对应，语言符号的实际含义是由丰富多彩的语言实践所赋予。"根据这个基本原理，在现代企业创业领域，"venture"的实际意义并不是单纯的"冒险"，而是被赋予了"冒险创建企业""冒险从事什么事业"和"敢于做什么"，即"创业"这一新的特定内涵。将"venture"译作"创业"正呈增长之势，也更贴近"venture capital"的本质与功能。"venture"用作动词时，译成"冒险创业企业"；用作名词时，译成"企业"，表示冒险创业企业的结果，如"合资企业"就用"joint-venture"表示。同时，需要提及的是，"venture"加上后缀-r形成的"venturer"译成"创业家"。"venture"的动名词形式"ventureing"强调动态的"创业"，如美国著名的"Journal of Business Venturing"则译为"创业企业杂志"。

正如刚提到的"venture"，我们先关注其创业状态即译成"创业",而后才进一步关注创业过程"冒险创建企业"。"创业投资"是与"创业"相对应的,是一种专门用于支持"创业"的投资活动,人们对"venture capital"的关注也首先是从关注"创业资本"这种资本形态开始的。"创业资本"与"创业投资"有共同的本质,只是前者表现为资本形态,后者表现为资本运动形态而已。因此,本书在不同的语境中将等同或交替地使用"创业资本"与"创业投资"这两个词语。

国内外对创业投资的定义上百种,并且仍然存在着争议。我们整理、概括了十多种有代表性的创业投资的定义(见表2-1)。由于受各国创业投资初始条件、制度环境、发展阶段和不同思路的影响,这些定义既表现出共同点,又有所差别。共同点则强调了创业投资所投入企业的高成长性、高风险性、高收益性和低流动性。

表2-1　　　　　　国内外对创业投资的各种定义

作者	定义
美国创业投资协会（NVCA，1973）	由专业机构提供的投资,用于极具增长潜力的创业企业并参与其管理的权益资本,又称"狭义创业投资"。
欧洲创业投资协会（EVCA）	一种专业的投资公司向具有巨大发展潜力的成长型、扩张型或重组型的未上市企业提供资金支持并辅之以管理参与的投资行为。
英国创业投资协会（BVCA，1983）	为未上市企业提供股权资本但并不以经营产品为目的的投资行为。
经济合作与发展组织（OECD，1996）	一种投资于未上市的新兴创业企业并参与管理的投资行为,其价值是由创业企业家和创业投资家通过专业技能所共同创造的。
美国《企业管理百科全书》	对不能从传统来源,如股票市场、银行或与银行相似的单位(如租赁公司或商业经纪人)获得资本的工商企业的投资。

第二章　相关概念及理论框架

续表

作者	定义
美国《经济百科全书》（Douglas Greenwood 主编）	准备冒风险的投资，它是准备为一个有迅速发展潜力的新公司或新发展的产品提供最初风险的投资，而不用来购置与这一公司或产品有关的各种资产。
哈佛商学院（1950）	指向年轻公司或新公司的投资。
欧洲投资银行	为形成和建立专门从事某种新思想或新技术生产的小型公司而进行的股份形式承诺的投资。
新加坡	以私人股权方式从事资本经营，以此培育和辅导企业创业或再创业，并放弃资产流动性来追求长期资本增值的风险——收益特征区别于对公开流通证券的投资，又称"广义创业投资"。
中国七部委	主要向属于科技型的高成长型创业企业提供股权资本，并为其提供经营管理和咨询服务，以期在被投资企业发展成熟后，通过股权转让获取中长期资本增值收益的投资行为。
刘健钧（管理世界，1999）	向具有高增长潜力的未上市创业企业进行股权投资，并通过提供创业管理服务参与所投资企业的创业过程，以期在所投资企业发育成熟后即通过股权转让实现高资本增值收益的资本运营方式。
成思危	把资金投向蕴藏着较大失败危险的高新技术开发领域，以期成功后取得高资本收益的一种商业投资行为。

以成思危（1999）为代表的学者将"venture capital"[①] 翻译成

---

① 创业投资是由"venture capital"一词翻译而来的，最早出现在 20 世纪 40 年代的美国。"venture"最早可以追溯到 15 世纪末或 16 世纪初的欧洲。当时全球贸易的中心在欧洲，一些欧洲国家还进行远洋贸易，许多远洋贸易企业开展的远洋贸易就被认为是一项"venture"的创业活动。

"风险投资",它是指"把资金投向蕴藏着失败风险的高技术及其产品开发领域,旨在促进新技术成果尽快商业化,以取得高资本收益的一种投资行为"。这一概念与"risk capital"有相似之处,与美国创业投资协会1973年的定义类似,即"创业投资系指由专业机构提供的投资,用于极具增长潜力的创业企业与其管理的权益资本"(李万寿,2006)。

国内对于"venture capital"还存在另外一种翻译。以刘健钧(2004)为代表,将其翻译为"创业投资",其定义为"向具有高增长潜力的未上市创业企业进行股权投资,并通过提供创业管理服务参与所投资企业的创建过程,以期在所投资企业相对成熟后通过股权转让实现高资本增值收益的资本运营方式"。在这个定义中包含创业资本的四个特点,即股权投资、追求资本增值、管理服务和投资对象为创业企业,它们更能代表创业资本对创业支持的实质。在《创业投资企业管理暂行办法》中,"创业企业"系指在中华人民共和国境内注册设立的处于创建或重建过程中的成长性企业,但不含已经在公开市场上市的企业。

我国创业投资还有一个特点,就是它与科技创新关系密切。自1985年我国第一次使用"venture capital"这一概念时,就指出其目的主要是"对于变化迅速、风险较大的高科技开发工作,可以设立创业投资给予支持"(李吉栋,2011)。从那时起,创业投资就与科技创新息息相关。至今,我国创业投资也更多投向于科技型创业企业,这一点与国外的创业投资具有一定区别。

综上所述,笔者认为,创业投资是由职业投资家以集合投资方式设立基金,然后向极具增长潜力的未上市创业企业进行权益资本投资,并通过提供创业管理服务参与企业的创业过程,以期在企业发育成熟后通过权益资本转让来实现高资本增值收益的一种特殊类型的金融资本运作方式。

从创业投资的概论内涵出发,可以归纳出与之相关的三个本质特征:以股权方式为主投资于具有高增长潜力的未上市创业企业,从而建立起与创业内在需要相符合的风险共担、收益共享的激励与约束机制；主动参与外资企业创业过程，提供相应的增值服务，同时控制和预防创业资本的高风险；以整个创业企业作为经营对象，不参与具体管理，并在适当的时候进行股权转让，实现投资退出和资本收益[①]。

二、创业投资引导基金

创业投资引导基金虽然是在创业投资基础上引申出来的概念，但两者却存在很大的不同。创业投资引导基金出现主要源于私人创业资本的市场失灵问题，也是社会分工与金融深化的结果。在创业投资引导基金出现之前，创业投资主要由私人投资者或机构进行。由于创业市场的信息不对称，私人创业资本会出现供给不足的问题。为缓解创投市场资金紧张的问题，创业投资引导基金作为一种主要以市场化方式运作的政策性工具应运而生。

创业投资引导基金在文献中基于政府不同的意图和目标程序有很多定义，从狭义地关注由政府机构管理的创业投资基金，到更广泛的分类，包括通过资助和管理公共风险基金直接参与创业投资过程，为风险投资家提供保护、鼓励私人投资者承担早期和高技术机会等（Leleux 和 Surlemont，2003）。Lerner（2002）将其定义为公共创业基金（public venture capital）。在这一领域，政府通常以直接或间接的方式，对年轻创业公司进行股权或类似股权的投资，或鼓励其他中介机构进行此类投资。Brander 等人（2015）则将其进一步明确为是投资于高潜力创业企业的金融中介机构。

作为推动公共企业创新创业的一种策略，政府是以企业家的角色从事非营利活动（Del-Palacio 等人，2009）。虽然目标不同，创业投资基金投资的企业类型、对被投资企业投入程度以及最终投资效果也存在异质性，但其根本目的均在于缓解年轻创新型公司的资金缺口。一方面，对于创新型创业公司来说，财务约束尤其严重。

---

① 刘健钧. 创业投资原理与方略 [M]. 北京：中国经济出版社，2003，25.

投资回报的不确定性使他们几乎没有可担保的抵押品,受到更高的信息摩擦。公司资本大多是无形的,很难重新部署,易受到破产成本的影响(Carpenter 和 Petersen,2002;Hall,2002)。另一方面,创新创业对经济增长的贡献越来越大,创新者却受到资本约束,更多的融资将激发更多的创新。政策制定者的重点是通过设计新的政策工具,提高融资能力给予企业家以激励。证据表明,更多可用的创业投资资本可以增加成功的创业活动(Levine,1997;Kortum 和 Lerner,2000)。

国家发展改革委员会等部门发布的《关于创业投资引导基金规范设立与运作指导意见的通知》(国办发〔2008〕116 号)中指出,创业投资引导基金是由政府设立并按市场化方式运作的政策性基金,主要通过扶持创业投资企业发展,引导社会资金进入创业投资领域,其本身不直接从事创业投资业务。引导基金的宗旨是发挥财政资金的杠杆放大效应,增加创业投资资本的供给,克服单纯通过市场配置创业投资资本的市场失灵问题。特别是通过鼓励创业投资企业投资处于种子期、起步期等创业早期的企业,弥补一般创业投资企业主要投资于成长期、成熟期和重建企业的不足。从该定义可以看出,引导基金实际上是由政府设立并按市场化模式运作的政策性基金,主要通过扶持创业投资企业发展,引导社会资金进入创业投资领域,其社会意义已经远远超出了对创业投资行业的影响。创业投资行业仅仅只是其影响的一小部分,最为明显的是其对创新创业的影响,同时还会通过创新创业影响到经济的其他方面,例如产业结构、区域发展等。

创业投资引导基金一般遵循"项目选择市场化、资金使用公共化、提供服务专业化"三原则。同时,政府对引导基金参股设立的创业投资基金坚持"政府引导、市场运作、规范管理、支持创新"的基本方针。其中"政府引导"是前提,即政府参股设立创业投资基金的目的在于"引导"。通过引导,吸引更多社会资金,使资本起到放大作用。政府参股过程中遵循"重引导、轻管理"原则,不介入参股创业投资基金的日常管理。不以营利为目的是引导资金最重要的特征和有效运营的前提。"市场运作"是基础，即政府参股设立创业投资基金是完全按照市场化进行的，包括按市场化方式选择基金管理团队和拟投资项目等，并以此保证政府在参与创业投资的过程中不过度干预市场，影响市场的正常运作。"规范管理"是保障，即确保创业投资基金运作是完全合规的，符合市场化运作原则。确保创业投资基金的规范管理，保证项目的成功率，从而更好地服务于"政府引导"的前提。"支持创新"是目的，即确保政府参与创业投资支持创新的根本目标不受影响。2008年金融危机，是虚拟经济泡沫与产业泡沫的双重体现，经济发展必须重回实体经济。在这一趋势下，又必须重新审视技术经济状况和产业结构，对一些新兴产业进行测度和评价，寻求新的战略性新兴产业，为未来经济发展提供新动力。在这一过程中，引导基金对创新的支持发挥着关键性作用。

创业投资引导基金主要包括以下三层含义：

第一，非营利性质的政策性基金。与一般创业投资基金比较，创业投资引导基金往往更加突出其政策导向和行业扶植作用。因此，在基金运营过程中，一般不将通过退出获得超额收益作为首要目标。这是创业投资引导基金与商业性质创业投资基金最大的区别之一。

第二，主要通过市场化模式运作。与原有财政补贴、税收减免等直接行业扶植、刺激手段比较，创业投资引导基金更加强调市场机制在基金运营和资源配置方面的作用。而市场化最重要的特征之一就是竞争机制。在此基础上，创业投资引导基金通过有偿方式提供资金，有效地将出资人、资金管理人以及被投资企业的利益结合起来。

第三，发挥引导扶持创业投资行业发展、引导社会资本有序进入创业投资领域的作用。在基金实际运营过程中，创业投资引导基金通过带动作用，吸引其他社会资本进入特定领域，为行业发展提供所需资金。而在这一过程中，社会资本通常是引导基金出资额的数倍，这体现了创业投资引导基金的带动作用，也就是创业投资引导基金的杠杆作用。

三、创业投资引导基金的功能及特征

（一）创业投资引导基金的功能

1. 创业资本的杠杆机制

近年来，我国的创业投资行业发展较快，但是与发达国家相比还很不成熟，如机构队伍不强、资金来源单一、本土民营机构获得金融资源比较困难等。在这种背景下设立的政府创业投资引导基金，旨在解决创投资本的来源问题。财政资金本身就是创业投资市场的一个传统的资金来源。政府创业投资引导基金带有明显的政策导向，可以加大民间资本、海外资本及其他资本进入创投领域的意愿，形成创业资本的聚集机制。

2. 弥补信息不对称引发的市场失灵

各国政府设立政府创业投资引导基金都带有明显的政策导向意味，其中一个关键的政策目的是要促进创新创业，其渠道就是通过扶持具有创新能力的中小初创企业快速发展，提高本国的创新能力。由于创新创业具有较大的风险，传统金融资源又倾向于投资风险较低的成熟企业，导致资金供给不足。因此，以政府为主导设立政府创业投资引导基金，能够吸引和带动社会资本参投到初创期的企业，给极具创新能力、市场前景好的初创期企业提供快速成长的资金保障，给以营利为目的商业化经营的创投资金提供规避一定投资风险的渠道。

3. 促进自主创新能力的提升

一方面，民间存在着大量的闲置资金；另一方面，生物医药、集成电路、软件、新能源与新材料等领域的高科技企业亟须得到资金扶持。政府设立引导基金，可以通过政府良好的信用吸引社会资金，改善和调整社会资金配置，更好提升创业投资机构的综合能力，给投资企业提供更优质的金融服务。通过资金投入和管理服务等扶持方式，加快培育出以市场为导向、以自主研发为动力的创新型企业，促进我国自主创新能力的提高，加快以自主创新为主的高新技术产业的发展。

4. 创业投资人才培养的本地化

创业投资家是影响地区创投行业发展的关键因素之一,创业投资管理团队是创业投资资金良性发展不可或缺的条件。发达国家创业投资行业的成功发展,离不开对于本土创业投资人才的积累和培养。美国小企业投资公司(SBIC)计划除了成功投资和扶持高科技企业外,还为创业投资业锻炼和培养出大量优秀的投资人才,使创业投资行业成为极具吸引力的行业之一,客观上促进了创投行业的发展。我国设立创业投资引导基金在重视基金规模和质量的同时,也要重视对本地创业投资人才培养和创业投资家队伍的积累,从而带动我国创业投资行业快速发展。

(二)创业投资引导基金的特征

1. 以扶持创新创业为主要目的

创业投资引导基金设立具有特定政策导向,且不以营利为目的,聚焦在具有较强科技创新效应的创新创业型企业,主要是为了克服创新创业市场中单纯依靠市场配置资源所表现出来的市场失灵问题。创业投资引导基金与其他引导基金如产业引导基金、科技型中小企业创新基金、PPP项目基金不同。政府通过创业投资引导基金这种形式,引导私人创业投资资金流入初创企业、创新型成长企业及高端企业,以促进自主创新和大众创业。产业引导基金通常以特定产业和行业为投资对象,主要基于某些产业发展的需要,比如说战略性新兴产业。科技型中小企业创新基金主要是针对一些科技型中小企业的创新项目提供的资金支持,以帮助其实现成果转化,包括由政府提供的无偿资助、贷款贴息等。PPP项目基金倾向于投资大型的基础设施建设项目。创业投资引导基金不同于一般创业投资基金,后者主要投资于成长期、成熟期和重建企业,前者主要投资于种子期、起步期企业;后者大多是由市场产生的,而前者一般为国有性质。

2. 以市场化运作为主要方式

创业投资引导基金一般是由财政资金和社会资本共同组建。财政部门把一般公共预算、政府性基金预算、国有资本经营预算等当作资金的杠杆，撬动地方政府、民营企业和金融机构等社会资本的参与，实现引导社会闲散资金的最终目的。虽然创业投资引导基金具有国有资产性质，但完全采取市场化独立运作模式。政府不干预基金正常的经营管理，本身不直接进行投资，而是将资金注入专业的创投机构中，由其按市场化方式代为运作。

3. 以政府参股为主要引导模式

我国创业投资引导基金分为国家级、省级、地市级、县级四个级别，主要是通过参股方式，吸引社会资本共同发起设立创业投资企业，或直接投资于创投机构或其母基金。跟进投资方式也是投资方式之一，这种方式一般仅限于投资需要政府重点扶持和鼓励的高新技术等产业领域的创业企业和选定的创业早期企业。政府参股也是创业投资引导基金不同于一般性创业投资基金的一个重要方面。这种模式一方面可以维护创投机构的自主性，另一方面也使得创业投资引导基金能够发挥财政资金和扮演财政工具手段的职能。

四、创业投资引导基金的发展历程

（一）国外发展历程

创业投资行业在欧美等发达国家发展得相对成熟。创业投资最早起源于欧洲国家，在美国得到发展与新兴，在以色列、澳大利亚等国家都实施得比较成功。发展至今，世界各地的政府和区域当局均已经实施了相应的创业投资基金计划或方案。

美国于1946年构建了世界上具有现代意义的创业投资机构（简称创投机构）——美国研究与发展公司，其目的是帮助中小科技企业商品化其新技术（林展宇和马佳伟，2018）。1953年，美国国会进一步通过了《小企业投资公司法》，并于1957年推出小企业投资公司促进计划（SBIC），旨在通过设立政府基金的方式，引导民间资本进入创投领域，为无法从银行和其他正常渠道获得资金、处于种子期和初创期的创业企业提供中长期资金来源（张亦春和王国雄，2010）。

创业投资的兴起和发展被认为是美国高新技术产业快速发展的

推动力，我们可以从美国众多的知名公司中看到创业投资基金的影子。例如，谷歌于1999年从风险资本家Kleiner Perkins和Sequoia Capital那里获得了2500万美元的资金，从此谷歌进入了一个崭新的发展阶段；亚马逊从克劳菲德&拜耳斯投资公司（Kleiner Perkins Caulfield&Byers）获得了1000万美元的资金（林展宇和马佳伟，2018）。

20世纪80年代是以色列创业投资行业的起步阶段。由于资源匮乏、土地贫瘠，以色列不得不走科技强国之路。以色列高科技产业集群的发展被认为与当地创业投资产业的发展存在密切的关系（Avnimelech和Teubal，2004）。在当时，以色列对高科技创业企业有很多扶持政策，最早的政策可以追溯到1969年工业研发支持计划，这是以色列创新和技术战略的支柱。1984年，以色列又颁布了新的研发保护法（Avnimelech，2009），但这些政策并没有取得很大的成功，当时很大一部分企业在科技成果转化阶段失败了，其原因是科技成果商品化阶段无法进一步获得资金支持（勒纳，2012）。1992年，被称为以色列"创业投资之父"的Yigal Erlich向政府申请了1亿美元拨款资金，组建了Yozma基金，这是以色列第一只政府引导基金（徐文舸，2017）。这为风投公司和初创企业的累积、自我强化的成长过程提供了临界质量（criticalmass）。1998年，Yozma基金募集了2.63亿美元，先后投资了201家创新型企业。在此期间，其他私人风投公司也出现了重大模仿事件，引发了强大的集体学习过程（Avnimelech，2009；徐文舸，2017）。

与欧美发达国家相比，澳大利亚创业投资市场发育程度相对不高。在1986年，澳大利亚政府通过了《产业研发法案》并成立了产业研发委员会，以推动科技进步与创新，但效果并不理想。这些企业大多数仍面临着融资难的问题。1997年，澳大利亚工业、旅游和资源部与产业研发委员会共同提议设立"小企业创新基金"（IIF基金前身），为创新型企业提供投融资支持，这是澳大利亚第一只严格意义上的政府创业投资引导基金（徐文舸，2017）。IIF基金对资金的使用方向有明确的规定，主要体现在两个方面：一是只能投资于创新型企业，且三分之二需要投资在种子期和初创期的企业；二是所投企业为高科技领域如生物技术、互联网等（徐文舸，2017）。

(二) 国内发展历程

我国创业投资引导基金的设立与发达国家相比较晚。我国第一家创业投资机构——中国新技术创业投资公司成立于1986年。20世纪90年代，在部分省份开始尝试运用创业投资引导基金的方式运营政府主导的创投机构（张亦春和王国雄，2010）。为了促进创新创业，国家于2005—2008年先后颁布了《创业投资企业管理暂行办法》《国家中长期科学和技术发展规划纲要（2006—2020年）》《科技型中小企业创业投资引导基金管理暂行办法》和《关于创业投资引导基金规范设立与运作的指导意见》等规范性文件，这些文件的出台将我国创业投资行业带入了快速发展阶段。发展至今，大致可以划分为四个阶段。

第一阶段：探索阶段（1985—1997年）

这一阶段以1985年中共中央颁布的《关于科学技术体制改革的决定》为开端，文件首次提出通过设立创业投资支持变化迅速、风险较大的高技术开发工作。1986年，中国新技术创业投资公司经过国务院批准，由国家科委和财政部出资正式成立，这是我国第一家创业投资机构。

随后，国家颁布了一系列涉及创业投资的规范性文件，如1987年1月国务院颁布的《关于进一步推进科技体制改革的若干规定》、1991年3月国务院颁布的《关于批准国家高新技术产业开发区和有关政策规定的通知》，以及1995年5月颁布的《中共中央、国务院关于加速科学技术进步的决定》等文件。这些文件都涉及创业投资，其中最关键的一点是鼓励创办创业投资公司支持科技创新，解决科技型企业的融资问题。

在这些政策的引导下，各省份陆续成立了一些创业投资机构，这些创业投资机构主要以向科技企业融资为主线。

第二阶段：兴起阶段（1998—2004年）

1980年至2000年，以计算机、通信技术和生物技术为代表的高新技术产业在美国获得飞速发展,其发展被认为是创业投资推动的结果。鉴于美国的成功经验,1998年3月全国两会期间,民建中央在全国政协九届一次会议上提出:"必须借鉴国外风险投资的成功经验,大力发展风险投资事业,推动科技进步。"1999年8月和12月,国家先后颁布了《关于加强技术创新,发展高科技,实现产业化的决定》和《关于建立风险投资机制的若干意见》,在这两份文件中均重点强调了建立风险投资机制、加快培育风险投资主体等内容。

在国家政策的支持下,各地创业投资机构开始兴起。1999年,新增了36家创业投资机构,增速达到60%;2000年再增加110家(李吉栋,2011)。此后,2002年,中关村成立了我国第一家创业投资引导基金,总规模为5亿元,由北京市政府派出机构中关村科技园区管委会负责设立,主要采取种子资金、跟进投资和参股创业投资的方式进行基金运作。在此之前,我国尚无"引导基金"的概念,当时命名为引导基金主要是避免与证券投资基金混淆。

陈希和褚保金(2005)的研究表明,这一阶段的主要特点如下:一是创业投资机构管理的资金规模普遍较小,平均规模为2亿元人民币,规模低于平均值的基金占到75%。二是创业投资资本来源结构比较简单,主要源于政府和企业。在这个阶段,个人投资者、养老金和保险金等没有参与创业投资,而美国后三者占比则达到了62%。三是创业资本缺乏退出渠道。项目开发不好也不能清算,少数退出的项目主要是通过国内企业收购和创业者自身回购退出。而美国主要通过IPO退出,即建立二板市场如纳斯达克。

创业投资市场健康发展离不开合适的退出机制。2004年,国务院颁布了《关于推进资本市场改革开放和稳定发展的若干意见》,其中提出:"要分步推进创业板建设,完善风险投资机制,拓展中小企业融资渠道。"由此可见,政策已经为创业投资搭建退出机制。

第三阶段:快速发展阶段(2005—2016年)

这一阶段是以2005年国务院批准国家发改委等十部委联合颁布的《创业投资企业管理暂行办法》为标志的,这是我国首部具体针对创业投资领域的法律法规,从创业投资的概念、机构的设立、投资运作、政策扶持、监督等方面为创业投资提供了法律依据。在这部法律法规中，"引导基金"第一次正式出现。为了配合《国家中长期科学和技术发展规划纲要（2006—2020年）》政策，解决科技型中小企业的资金问题，2007年财政部和科技部联合制定了《科技型中小企业创业投资引导基金管理暂行办法》。该办法对科技型中小企业创业投资引导基金的设立目的、资金来源、运作方式等进行了明确[①]。这些制度上的创新为创业投资快速发展提供了契机。

加速我国创业投资行业快速发展的还有两个重要因素：一是给予创投行业税收优惠政策。财政部和税务总局在2007年2月发布了《关于促进创业投资企业发展有关税收政策的通知》，通知中规定创业投资企业投资于高新技术中小企业70%的投资额的，可以在其所得税（限投资所得）应纳税所得额中予以抵扣。二是2009年创业板的开板，为创业投资提供了广阔的退出平台。

2009年以后，我国创业投资行业进入了快速发展阶段，从科技部到地方政府，都开始筹划设立创业投资引导基金。除了发达城市，山西、云南、陕西等地也相继设立政府引导基金。创业投资引导基金不仅数量上快速增长，基金的规模也大幅提高。根据清科私募通数据统计，2010年至2016年12月，全国共新增创业投资引导基金280只，基金目标规模增加了2436.41亿元。尤其是2014—2016年这三年，可谓是创业投资引导基金黄金发展时期，分别新增34只、72只和81只创业投资引导基金，目标规模分别增加122.44亿元、698.01亿元和1312.41亿元。

第四阶段：提质发展阶段（2017年至今）

在经历了2015—2016年的高速增长期后，各地区放缓了新增政

---

① 在此期间，2006年和2007年国家对《中华人民共和国公司法》和《中华人民共和国合伙企业法》进行了修订，其中两方面的内容对创业投资行业至关重要。一方面，《公司法》中将"公司发起人股至上市之日起三年内不得转让"改为"自公司成立之日起一年内不得转让"，这降低了创业投资的锁定期限，很大程度上降低了创业投资的风险；另一方面，《中华人民共和国合伙企业法》中引入了有限合伙制度，这成为很多创业投资企业的组织形式，也就是《中华人民共和国合伙企业法》为创业投资引入了新的组织形式。

府创业投资引导基金的设立节奏。

在经历2015年和2016年的高速增长后,政府创业投资引导基金的设立步伐有所放缓,逐步进入存量优化精耕细作阶段。随着各地政府引导基金设立基本完毕,一些早期设立的政府创业投资引导基金开始陆续进入投资后期或资金退出期,这个阶段创业投资引导基金管理机构的主要精力转向存量基金的投资运营上来。

从清科私募通的统计数据来看,2017年创业投资引导基金增速有所放缓,但仍然增长比较快,新增39只,目标规模约2213亿元;2018年新增25只,新增目标规模大约359亿元;2019年新增22只,新增目标规模842亿元;2020年新增16只,新增目标规模740亿元;2021年新增38只,新增目标规模1473亿元。

在前三个阶段,我国创业投资引导基金是从无到有,政策重点是先发展创业投资引导基金的数量和规模,而后越来越关注创新引导基金的绩效,包括宏观层面的经济绩效,也包括基金本身的绩效,如所能撬动的资金规模、资金使用效率、投资收益、管理水平等层面。

2017年,为规范政府出资产业投资基金登记管理工作,有效发挥政府资金的引导作用和放大效应,促进政府出资产业投资基金行业持续健康发展,国家发展改革委办公厅印发了《政府出资产业投资基金信用信息登记指引(试行)》(〔2017〕571号)。2018年,根据国内外经济形势,为防范和化解重大风险,促进金融企业稳健运行,督促金融企业加强对于风险管控和财务管理的重视,财政部印发了《关于规范金融企业对地方政府和国有企业投融资行为有关问题的通知》(财金〔2018〕23号)。这些文件的出台都是为了更好地解决当前创业投资引导基金运营过程中面对的一些突出问题,促进创业投资引导基金的高质量发展。

通过对国内外创业投资引导基金发展历程的梳理和对比,我们可以了解到,国内外在创业投资引导基金的功能上具有一致性,均以吸引社会资金扶持创新创业为主要目的,弥补主流金融市场对这方面的资金供给不足。国外创业投资引导基金发展相对较早,参与主体也相对丰富，如个人投资者、养老保险等保险基金均可参与。而我国参与的主体结构比较单一。发展到现在，我国创业投资引导基金的规模已经超过很多发达国家，且我国创业投资引导基金失败的案例相对较少。

第二节 创业投资引导基金理论研究

为了更好地研究创业投资引导基金、创业投资以及经济发展三者间的联动关系，本部分在对创业投资理论回顾的基础上，引入创业投资引导基金理论，论述创业投资引导基金发展的规律，以及创业投资引导基金促进经济发展的作用机制。

世界各国创业投资对本地区高新技术产业及经济增长发挥着重要的促进作用。Kortum 和 Lerner（2000）认为，美国创业投资所支持的创新活动，每年约占该国总量的 7%~10%。其中英特尔、微软、谷歌、亚马逊以及雅虎等都成为创业投资推动技术革新的典范。根据美国国家创业投资协会统计，该国创业投资行业创造了一千万个就业机会，并占据该国国内生产总值（简称 GDP）的 18%。创业投资引导基金作为一项制度安排，其重要目标之一就是通过促进创业投资行业的发展，为目标行业提供支持，进而扶植高新产业成长。为更好地分析创业投资引导基金的相关理论，笔者对创业投资的有关研究进行了总结。创业投资按其投资周期可以分为创业投资的设立、投资、增值和退出四个阶段。

一、创业投资的设立：地域分布与人员雇用

Fiorida 等人（1988）和 Green 等人（1988）的研究发现，创业投资在地域上的分布是不均匀的，一般集中于一些特殊的地区（比如几个特大城市或某些国家）。究其原因，Sorenson 和 Stuart（2001）认为，关于潜在投资机会的信息一般在地域和行业间交换和流动，这些信息的交流导致创业投资的地域差异和行业分布特

点。Jeng 和 Wells（2000）提出了另外的观点，即创业投资的投资地区受其资本市场融资能力的影响。他们用多个国家的数据进行研究发现，融资能力强的国家和地区，创业投资更为集中。Audretsch 和 Keilbach（2007）研究了知识信息流（knowledge information flows）对创业投资的影响，他们对德国的创业投资数据进行分析，发现地区内的知识信息流，尤其是研发活动的活跃程度，对于基于知识（knowledge-based）的创业投资活动有重要决定作用。

另外，很多创业投资可能会进行跨国投资，投资于本国以外的国家和地区。这些创业投资在其他国家投资的成功与否，很大程度上取决于投资经理们长期为创业投资工作的决心和其在国外生活的意向。Wright 等人（2003）发现印度的海外创业投资中，超过90%的管理层是印度本地人，其中三分之一在国外有过创业投资的工作经验。

二、投资：选择（select）与监管（monitor）被投资企业

创业投资是一种增值型（value-added）的投资，但其投资组合一般不够分散（underdiversified）。典型的创业投资一般投资为数不多的公司（Gorman 和 Sahlman，1989；Norton 和 Tenenbaum，1993）。与普通投资者不同的是，创业投资会积极参与所投资企业的经营与管理。被投资企业过多，会分散创业投资对每个企业的支持和监管。所以，创业投资组合的大小需要权衡分散风险的需要与分散精力的可能性（Kanniainen 和 Keuschnigg，2003，2004）。Fulghieri 和 Sevilir（2009）通过建立模型，对创业投资应该集中投资还是分散投资进行分析。Cumming（2006）从实证上检验了创业投资最优的投资组合大小。Kaplan 和 Stromberg（2003）研究表明，创业投资会在不同的投资对象之间进行现金流分配，类似的研究者还包括 Bernile 等（2007）。

由于创业投资与被投资企业之间存在的信息不对称，可能引发道德风险（moral hazard）。大量的文献被用于研究如何设计合约，

从而尽可能减少创业投资和被投资企业之间的代理问题。理论上的研究（Bascha 和 Walz，2002；Cornelli 和 Yosha，2003；Kaplan 和 Stromberg，2004；Marx，1998；Repullo 和 Suarez，2004；Schmidt，2003）注重如何设计创业投资和被投资对象之间的最优合约结构，比如实施阶段化投资（multiple-staged investment），先对被投资对象进行第一期投资，成功后再进行第二期、第三期等后续投资。Gompers（1996）、Gompers 等（1999）进行了实证方面的研究，他们发现创业投资会对有形资产比例低、市账率偏高和研发支出多的被投资对象进行更多的监管。创业投资会定期收集信息，一旦发现被投资对象成功上市的概率很小，便可能中止投资。

三、增值：PE 的影响

Gompers 和 Lerner（1999，2001a，b）认为，创业投资行业的发展和成功，对经济增长和创新具有非常重要的作用。Kaplan 和 Stromberg（2001）认为，在世界各国，创业投资以对被投资对象进行增值而著称：创业投资严格挑选被投资对象，为他们提供增值服务，进行密切的指导和监管。Sahlman（1990）、Gorman 和 Sahlman（1989）以及 Wright 和 Lockett（2003）等人认为，创业投资为被投资对象的战略和运营规划、管理层的聘用、市场营销以及进一步融资方面提供全方位的支持。

理论研究表明，创业投资之所以能够提升效率，是因为他们提供了积极的监管和建议（Cormelli 和 Yosha，2003；Hellmann，1998），他们严格挑选被投资对象（Amit 等，1990a，1990b；Chan，1983），具有强烈的退出需求（Berglof，1994）并进行多阶段的投资管理（Bergemann 和 Hege，1998）。实证研究表明，创业投资支持的公司更加有创新能力，能产生更具价值的专利发明（Kortum 和 Lerner，2000）；他们在研发产品上更加迅速，并可以很快推向市场；他们的管理层更换更快，显示出更高的专业性（Hellmann 和 Puri，2000，2002）。Lerner 等人（1998）对被杠杆收购企业技术专利的研究表明，专利申请数量在收购前后没有明显变化，但收购后专利申请的范围更加集中，且被引用的频率显著提高。Brav 和 Gompers（1997）研究了企业在 IPO 之后的长期表现，发现创业投资支持的 IPO 比非 PE 支持的 IPO 回报率要高。

关于创业投资对创新和经济发展影响的研究，存在一定的内生性问题，也就是说，到底是创业投资推动了创新，还是创新带动了创业投资的发展。Kortum 和 Lerner（2000）通过研究创业投资对美国创新的影响，对内生性问题进行了研究。他们的方法是通过 1979 年美国对创业投资政策的外生性变化来研究创业投资对创新的影响，结果发现，外生性政策的变化带来了创业投资业的迅速发展，进而带来了更多的专利发明。

四、退出

为了实现投资回报，创业投资引导基金需要对所投资企业的投资进行变现。最典型的退出方式是通过 IPO 实现股权变现，其他的退出方式包括股权转让和并购等。以下主要对 IPO 这种退出机制进行重点回顾：创业投资在被投资企业的 IPO 中到底扮演了怎样的角色？文献中主要有三种观点：由 Barry 等人（1990）提出的监管角色（monitoring role），由 Megginson 和 Weiss（1991）提出的认证角色（certification role），以及由 Baker 和 Gompers（2003）提出的公司治理角色（corporate governance role）。

Barry 等人（1990）最早详细研究了创业投资在 IPO 中的角色。他们认为，创业投资大量参与其投资企业的经营，本质上与大股东类似。创业投资的这种大量参与和监管，在被投资企业 IPO 时会被市场认可，因此这些企业的 IPO 抑价（underpricing）偏低。Megginsonand Weiss（1991）提出创业投资在 IPO 中扮演了认证角色。他们发现了与 Barry 等人（1990）类似的结果：创业投资支持的企业上市时，IPO 溢价低。另外，创业投资支持的企业，支付给承销商的费用也低。针对上述发现，他们提出了另外的解释：创业投资重复地把不同高质量的被投资企业带上市，因而他们逐渐在市场上建立起了自己的声誉，从而使市场对他们支持的 IPO 公司有信心。

也就是说，他们降低了投资者和承销商与拟上市公司之间的信息不对称，从而降低了IPO抑价。还有一些研究者关注创业投资在IPO中的公司治理作用。比如，Baker和Gompers（2003）研究董事会规模和构成，发现创业投资支持的企业有更少的内部董事和更多的外部董事。企业创始人上市后依然是CEO的概率随着创业投资声誉的提升而降低。

除了关注创业投资在IPO中的角色，还有一些研究也关注创业投资支持的企业IPO的时机选择。在各种可能影响IPO时机的因素中，企业估值水平是一个最重要的考虑因素。比如Lerner（1994）针对350家创业投资支持的企业进行了研究，发现创业投资在市场高位时让被投资企业上市。Gompers（1996）提出了"逐名"假设（Grandstanding Hypothesis），即年轻的创业投资为了表明自己的投资能力，倾向于较早地把被投资企业带上市，从而尽快建立起自己在资本市场的声誉。

第三节 创业投资引导基金运行系统

创业投资引导基金是一种基金，更是一种制度形式。因此，创业投资引导基金的运营，绝不单单是指它作为一个独立单位如何运营，而是指以创业投资引导基金为核心，与其相关的各种经济要素共同构成的一个完整的运营系统。

一、创业投资引导基金运行系统的基本要素

（一）实体要素

构建创业投资引导基金运作系统的要素主要包括实体要素和非实体要素两个大类，两类要素相辅相成，缺一不可。创业投资引导基金运行中的实体要素包括了引导基金、政府、社会投资者和创业投资管理机构。

1. 引导基金

创业投资引导基金属于政策性基金，是由政府出资成立的非营利性投资基金。其设立的主要目的在于引导社会资金进入创业投资领域，尤其在市场配置失灵的创业投资领域，包括创业投资市场配置失灵的投资阶段、产业或地区等。

2. 政府

政府在引导基金运作系统中扮演着特殊的角色，一方面政府为引导基金的规范运作制定了有关法律和政策，为引导基金系统构建了良好的外部运营环境；另一方面，政府作为引导基金出资者之一，保障了引导基金初始资金来源，为引导基金募资壮大提供了基础。

3. 社会投资者

社会投资者是风险资本的主要提供者。社会投资者有以下两种类型：个人投资者（富有的家庭或个人提供的资本是风险资本的重要来源）和机构投资者（机构投资者是相对于个人而言的）。

4. 创业投资管理机构

创业投资管理机构是引导基金和社会投资者资金受托管理的机构，专业的创业投资管理机构是风险投资赖以发展的关键主体。创业投资管理机构的作用在于：吸引社会投资者，募集资本；为创业企业提供发展所需要的资金，同时提供多方面的专业增值服务；监督创业企业经营等。美国的风险投资通常被认为是世界上最发达、最成熟的，除了因为美国具有很强的科技创新能力、充足的风险资本、浓厚的创业文化意识和完善的法律制度以外，最重要的是美国拥有世界上最优秀、最富有经验的风险投资家（创业投资管理机构）（彭丁带，2005）。为发展创业风险投资行业，各国也往往从吸引和培养专业创业投资管理机构入手。例如，澳大利亚于2002年专门出台了《风险投资法》，以吸引英、美等专业投资机构到澳大利亚发起创立风险投资基金，促进本国风险投资事业的发展。

（二）非实体要素

创业投资引导基金非实体要素主要包括创业投资管理机构（投资经理）投资管理能力、资金要素、系统环境要素、组织形式要素以及机制要素等。

1. 创业投资管理机构投资管理能力

创业投资管理机构投资管理能力属于非资金要素。风险投资的运作要求创业投资管理机构具有丰富的投资经验和企业管理经验，负责基金的运作和管理，负责筛选拟投资项目、做出投资决策、进行投资谈判及签署投资协议以及决定投资工具和方式、参与创业企业的投后管理等。因此，创业投资管理机构的投资管理能力是投资基金能否成功运作的关键。通常认为，创业投资管理机构的投资管理能力需要很长时间经验积累才可以形成，无法在短期内学习掌握。

2. 资金要素

资金要素包括政府投入的资金、社会投资者投入的资金和创业投资管理机构投入的资金。

（1）政府投入的资金。政府投入的资金是引导基金运作的基础。政府不直接进行投资，而是通过投入资金成立引导基金，发挥引导基金的引导作用，吸引社会资本和专业投资团队，解决创业风险投资领域中的市场失灵问题。引导基金吸引的社会投资者资金的规模通常会受到政府投入资金规模的正向影响。也就是说，在一般情况下，如果政府投入的资金越多，那么受此吸引而来的社会投资者的资金规模就越大；反之，政府投入的资金越少，其所吸引的社会投资者的资金投入规模就越小。

（2）社会投资者投入的资金。引导基金运作的目标是吸引社会投资者投资于创业风险投资中的市场失灵领域。通常，社会投资者不愿意投资处于种子期或初创期的创业企业，原因在于该阶段的创业企业风险较高。依据社会投资者是否亲自参与项目筛选并为企业提供资金和管理增值服务等非资金要素，可以将社会投资者分为两大类。一类是天使投资者，他们亲自进行项目筛选、尽职调查，并且自行管理所投资的项目；另一类是一般投资者，既包括个人投资者，也包括机构投资者。他们缺乏专业投资经验或没有时间和精力直接负责投资管理，因此，只是将资金委托给专业投资管理机构，由投资管理机构代其进行相关资金管理。

（3）创业投资管理机构投入的资金。创业投资管理机构在风险投资活动中扮演着非常重要的角色，它负责管理政府和社会投资者的资金，负责筛选企业、尽职调查、向被投资企业提供发展所需的资金、参与被投资企业的日常管理、完善被投资企业的治理结构、为被投资企业提供管理咨询等。因此，创业投资管理机构对被投资企业的主要投入通常不是资金，而是非资金性质的增值服务。在现实基金运营中，投资者通常会要求创业投资管理机构（投资经理）也缴纳一定的出资。在美国，大多数有限合伙制风险投资基金的普通合伙人（gnereral partner，简称 GP，是有限合伙制风险投资基金的管理人）提供合伙资本的 1%，有限合伙人（limited partner，简称 LP，是有限合伙制风险投资基金的投资者）提供合伙资本的 99%。此时，创业投资管理机构的出资，主要是从控制风险、激励约束的角度考虑，更有利于基金的健康运营。

3. 系统环境要素

系统论观点认为，所有系统都是在一定的外界环境条件下运行的，系统既受到环境的影响，同时也对环境施加反作用。创业投资引导基金运行环境要素主要包括政策法律环境、资本市场环境、科技创新环境等。美国、以色列等国家的引导基金制度之所以能够取得非常好的成效，其中一个重要原因就是国家为引导基金运行创造了优良的外部环境。

4. 组织形式要素

引导基金参与组建创业投资基金可以采取多种组织形式，主要包括有限合伙制、公司制和契约制。有限合伙制是目前风险投资基金经常采用的一种组织形式。20 世纪 80 年代以后，美国风险投资基金主要采用有限合伙制。公司制风险投资基金是指基金投资者和创业投资管理机构采取公司制组建风险投资基金。契约制风险投资基金是以信托方式为基础的组织形式，投资者作为信托人，将资金信托给创业投资管理机构，创业投资管理机构以自己的名义进行投资。

5. 机制要素

机制要素是引导基金运行中的核心要素。

二、创业投资引导基金运行的基本流程

创业投资引导基金整个运营流程包括以下几个环节。

（一）投资基金的组建

如前文所述，在引导基金制度中，政府并不直接参与投资，而是与社会投资者、创业投资管理机构共同出资组建投资基金，并委托创业投资管理机构对投资基金进行管理。在这一环节，有两项非常重要的工作：一是选择合适的投资管理机构，二是吸引社会投资者，完成基金的募资。在实际操作时，对投资管理机构选择的一个重要标准就是，该投资管理机构应具有较强的募资能力。因此，投资管理机构来应征前大多已经掌握了一定的民间资金资源。从某种意义上说，选择好投资管理机构就意味着投资基金的组建工作完成了绝大部分。

（二）基金投资与基金监管

投资基金组建完成后，就进入了真正的投资阶段。在这一阶段，投资管理机构的投资经理扮演着非常重要的角色。项目挖掘、项目评估、协议起草和投后服务等工作，都是由投资经理来完成的。正是由于投资经理对基金运营有着如此大的控制力，因此，此阶段的重要工作就是加强对投资经理的监管。这里所谓的监管并不单单是约束投资经理不良行为的意思，还包括对投资经理努力工作的激励。

（三）基金的退出

通常，一只创业投资基金的存续期是6～10年，当存续期到期时，就进入了基金的清盘阶段，此时就涉及了项目退出问题和投资收益分配问题。只有很好地实现投资项目退出，同时合理地进行投资收益的分配，才能实现政府资金、民间资金再次循环进入创业投资领域，最终实现引导基金的良性运营。

三、创业投资引导基金运行系统包含的委托代理关系

从前文的分析可以看出，整个创业投资引导基金的运营需要经历多个环节，涉及多方经济主体。除政府部门之外，还包括体现政府意图的引导基金管理机构、市场上专业的创业投资管理机构、为创业投资基金提供资金的社会投资者和最终资金的使用方——创业企业。这些经济主体从属性上看，既有公也有私；从职能上看，既有政府管理职能的部门，也有投资职能的部门以及实体经营职能的部门；从利益取向上看，既有以经济利益最大化为目标的部门，也有以社会利益最大化为目标的部门。因此，可以说创业投资引导基金所涉及的经济主体的构成是非常复杂的。

各经济主体相互之间在创业投资引导基金运行过程中包含着多重委托代理关系，即以政府作为委托人的"政府—引导基金"委托代理关系；以引导基金作为委托人的"出资人（引导基金＋社会出资）—创业投资管理机构"的共同代理关系；以创业投资管理机构作为委托人的"创业投资管理机构—投资经理—创业企业家"双重委托代理关系。其中，"政府—引导基金"委托代理关系类似于"政府—国有企业（或事业单位）"之间的委托代理关系，在最早对国有企业的研究中已经有详尽的探讨。"创业投资管理机构—投资经理—创业企业家"的双重委托代理关系，实际上就是创业投资公司的运营过程，国内外对此研究也非常多。而"出资人（引导基金＋社会出资）—创业投资管理机构"的共同代理关系，是引导基金与普通创业投资基金、政府科技基金和创业孵化器等制度模式相比最具特点的部分，也是引导基金运行中最核心的部分。

第四节　创业投资引导基金的基础理论

一、信息不对称理论

信息不对称即市场上交易双方拥有的信息存在差异，这一问题最终会导致市场萎缩，甚至没有交易。这一理论由 Akerlof（1970）开创，他在旧车市场中发现了这一现象：在旧车市场中，卖车的人对汽车的质量处于完全信息状态，而买车的人则对汽车没有掌握多少信息，这样买主每次只能根据市场汽车的平均质量进行定价，会导致质量高于平均值的汽车逐步退出市场，最终整个市场萎缩为 0。

在融资领域，这种现象也普遍存在，是导致在创新创业领域资本供给不足的关键原因（Myers 和 Majluf，1984；Fazzarietal，1988；胡刘芬和周泽将，2018）。创新创业充满许多不确定性，往往具备较高风险。根据中国人民银行《中小微企业金融服务报告（2018）》数据显示，我国中小企业的平均寿命在 3 年左右，成立 3 年后的中小企业可以持续正常经营约占三分之一。相应地，美国中小企业的平均寿命为 8 年左右，日本的中小企业平均寿命为 12 年。由于中小企业平均寿命短于发达国家的水平，我国金融机构在为中小企业提供融资服务时，要承受更高的风险成本。以 2018 年数据为例，全国金融机构对中小企业贷款不良率为 3.16%，单户授信 500 万元以下的中小企业贷款不良率为 5.5%，分别比大型企业高 1.83 个和 4.17 个百分点。对于外部投资者或者资本提供方来说，存在两方面的信息无法掌握：一是创业企业自身的经营情况，包括企业家的经营能力、管理层的管理能力等；二是行业发展的前景难以确定。因为创业企业本身所处的行业是新兴行业，受各方的信息限制，人们对其了解也比较有限。

而创新创业领域法制还不健全，缺少证券市场信息披露规则的约束。创业企业家为了以较低成本获得发展所需资金，有足够动机隐藏那些对自己不利的信息，放大那些对自己有利的信息，甚至虚报信息（胡刘芬和周泽将，2018）。由于无法切实掌握创业企业的相关信息，处于幼稚期的创业型企业缺乏像成熟企业一样的资产用于抵押。理性的投资者会意识到自身的信息与创业企业内部人的不一致性，拒绝向企业提供资金或索取更高的资金回报就成为合理的风险补偿手段。李建良（2016）称这种企业融资约束问题为"理性歧视"，这是一种典型的"市场失灵"问题。

资金对企业发展制约的作用从《2016中国企业经营者问卷跟踪调查报告》披露数据中就可以窥见一斑。其中，"资金紧张"成为约束企业发展主要因素的企业占到35.1%，创业型企业的这类问题更加突出。尤其在创业初期，需要很多的资金投入，即便进入成长期，企业也需要很多的后续资金来支持它们大量的研发投入。

创业投资引导基金作为政府委托创业投资机构运作的专项基金，旨在引导社会资本流入创新型企业，以解决其早期所需资金问题。其针对的核心问题之一就是就业市场信息不对称所带来的市场失灵问题。政府在获得创业企业内部信息方面要比私人投资者更具有优势，其对创业企业的投资也需要经过层层审批和充分论证，从某种意义上已经帮助外部投资者做了前期的专业化筛选，具有较强的"信号效应"。

胡刘芬和周泽将（2018）的研究表明，创业投资机构具有减缓企业融资约束的作用，其机理在于创业投资机构有认证功能，可以有效缓解外部投资者与企业之间的信息不对称问题。陈三可和赵蓓（2019）、李骏和万君宝（2019）也有类似的观点。

二、委托－代理理论

委托－代理问题在伯利和米恩斯《现代公司与私有产权》（2005）一书中就已经被揭示。他们发现，在企业中存在两个集团，即没有所有权的控制者和没有控制权的所有者。"没有所有权的控制者"是代理人，而"没有控制权的所有者"就是委托人。伯利和米恩斯认为，这两个集团之间存在利益不一致问题，控制者存在中饱私囊的动机。这其实就是 Arrow（1974）、Holmastrom（1979）等人提出或发展的道德风险问题。

对创业企业的投资属于一种高风险的投资，一个关键的风险就是道德风险。投资者向创业企业投资，相当于将资金委托给创业企业。由于信息的高度不对称，创业企业很可能不顾投资者的利益而行动，最终可能给投资者带来巨大的损失（Jensen 和 Meckling，1976），这也是创业型企业融资难、融资贵的一个根本原因。由政府设立创业投资引导基金，并由专业的创业投资机构参与管理，可以在一定程度上降低道德风险，提高企业的成功概率。创业投资机构为创业企业提供资金，与传统的融资方式不同，它们往往在注入资金后会积极参与企业的经营管理，这有利于提高企业的治理水平（龙勇、庞思迪和张合，2010），进而降低代理成本（胡刘芬和周泽将，2018）。Hellmann 和 Puri（2002）对硅谷初创企业的研究发现，创业资本家在这些企业中的作用超越了传统的金融中介机构。创业投资机构除了提供资金外，还提供三项重要服务，即建立投资者群体、审查和帮助制定商业战略、充实管理团队（Gorman 和 Sahlman，1989），这能提高企业的治理水平和经营质量。Brander 和 Hellmann（2014）的研究也证明了这一点。他们发现，获得政府创业投资支持的企业明显要优于没有获得的企业。黄福广、彭涛和田利辉（2013）对我国创业板上市企业做过一个研究，发现相比没有获得创业资本投资的企业，获得创业投资资本的企业具有更高的投资水平以及更快的投资速度，从某种意义上即意味着获得了更多的后续资本。

因此，创业投资引导基金一方面可以通过创业投资机构的投资顾问功能，帮助创业型创新企业提高内部管理水平和经营质量；另一方面可以通过内部治理水平和经营质量的提高，吸引更多的社会资本为企业提供后续发展的资金支持。

三、公共财政政策理论

根据公共财政理论，由于市场失灵所带来的公共产品供给不足，必须靠市场以外的力量来弥补。政府引导基金对特定领域特定行业进行投资，弥补市场自发调节的不足。例如，由于高新技术产业投入大、见效慢，且可能面临私人收益小于社会收益的问题，往往市场资金及企业本身均不愿进行大规模的投资。

常见的财政政策工具有财政专项补贴、税收政策、政府采购和政府直接投资等。根据丁伯根法则，国家经济调节政策和经济调节目标之间存在相关关系，政策工具的数量或控制变量数至少要等于目标变量的数量，这些政策工具必须是相互独立（线性无关）的，即单一财政政策工具是无法实现线性无关的企业创新、产业升级和区域协调发展的多重目标。如果企业创新、产业升级和区域协调发展等多重目标相互独立，政府财政可能面临工具手段不足的问题。创业投资引导基金是财政政策工具的一种创新，它主要通过股权投资于创业投资机构，而不直接进行投资，以市场化的方式运作能直接弥补以下财政政策的不足：

其一，弥补直接的财政政策带来的挤出效应，使得其可以兼顾多重目标。创业投资引导基金采取市场化运作，而不是直接进行财政干预。顾婧、任珮嘉和徐泽水（2015）认为，引导基金在促进我国经济转型过程中发挥着重要的作用，主要原因就在于政府通过市场参与实现了经济和社会调控多重政策目标的平衡。

其二，主要通过吸引社会资金来实现政策目的，而不是完全的财政资金投入。这降低了财政资金的压力，且能发挥更大的财政资金的作用。引导基金越来越成为地方政府解决创业企业融资难、缓解财政收支压力的重要政策手段，原因就在于引导基金具有通过多轮资金杠杆效应集聚和转化社会资本的功能。

其三，降低直接财政政策如税收优惠、财政补贴等的寻租行为。张蕾、侯洁和王志敏（2011）认为，传统财政政策，如财政补贴普遍存在"寻租"行为，这不利于财政政策效果的发挥。而政府引导基金通过市场化方式，可以防范传统财政补贴中的"寻租"问题。

四、创业投资驱动创新的理论分析

古典经济理论认为,经济增长主要依赖于劳动、资本、土地等要素的投入。从罗斯托的《经济增长理论史》(2016)中不难发现,休谟关注劳动和土地,他认为劳动生产率的提升是经济增长的根源。但劳动生产率的提升源自激励人们更多地进行劳动投入,而这种激励就来自制造业所能提供的工具,即为物理累加的增长。亚当·斯密在休谟基础上增加了资本,他认为资本形成带来了市场进而扩展劳动分工,从而促进财富增长。不过资本形成会受到土地和气候的约束,所以只能通过节俭实现。马尔萨斯增长理论只能算作是亚当·斯密的一个变形,只是在亚当·斯密研究的基础上加上自己的人口理论。其核心观点是人口增长会约束财富的增长,不会出现持续的经济增长。

从熊彼特(2009)开始,创新已经被认为是驱动经济长期发展的驱动力。在新古典经济理论里,创新是已经被内生化的一个关键要素,诸如 Romer(1989)、Aghion 和 Howitt(1992)、Rivera 和 Romer(1990)、Grossman 和 Helpman(1993)等人的研究。其最大的贡献就是发现技术进步能带来生产效率的改善,从而可以突破古典增长理论中的资源与环境约束。创新仍然受到人力资本、资本和知识积累等因素的影响,例如 Romer(1989)、Rivera 和 Romer(1990)。即一个经济体如果创新不足,可能与这些因素有关,尤其是资本层面是制约创新的关键因素之一。创业投资承担着推动自主创新、扶持高新技术和新兴产业发展的角色,发挥着一定的"公共产品"作用,外溢巨大。已有研究表明,创业投资与创新之间存在长期关系,Pradhanetal.(2017)利用跨国数据,使用创业投资的三个不同指标,即早期投资的创业投资、后期投资的创业投资和创业投资总额,以及七个不同的创新指标,如专利总额、研发支出、研究人员在研活动、高科技出口、科技期刊上发表论文等,检验了这种长期关系的存在。Bertoni 和 Tykvová(2015)、Alexander 和 Peter(2012)、Linetal(2018)也在这方面进行了研究。

第二章　相关概念及理论框架

作为国民经济和社会发展的生力军，大众创业、万众创新的重要载体，中小微企业是扩大就业、改善民生、促进创业创新的重要力量之一，在稳增长、促改革、调结构、惠民生、防风险中发挥着重要的作用。50%以上的税收、60%以上的GDP、70%以上的技术创新、80%以上的城镇劳动就业、90%以上的企业数量源于中小微企业。

近年来，在创新创业政策鼓励下，我国涌现出大量科技创新型小微企业。与传统小微企业不同，科技创新型小微企业具有高成长、高风险并存的特征，传统商业银行信贷模式与其前期需要大量资金投入、面临更大经营风险的经营方式不能很好地匹配，其所需资金更多需要通过资本市场实现融资。但我国传统金融渠道对中小微企业的服务存在不足：一是股权融资市场偏重于大中型企业。中小板、创业板等中小企业股权融资市场门槛高、限制条件多，初创型企业上市融资难度大。截至2018年末，小微企业法人贷款授信237万户，但贷款授信户数仅占小微企业法人总户数的18%。二是我国第二大融资渠道的债券市场对中小微企业的融资不足。截至2018年末，我国债券市场总余额达86万亿元，已经成为仅次于信贷市场的第二大融资渠道，但累计支持中小微企业注册各类创新债务融资工具仅为3917亿元，占比仅为0.46%，非常微弱。

就行业的角度而言，高新技术产业、战略性新兴产业的形成和发展，离不开创业投资从资金和管理上的支持。Kortum和Lerner（2000）研究发现，一个行业创业投资活动的增加与专利率显著提高有关。创业投资可以提高专利授权量，对经济和创新发展的影响要比传统投资更大。程聪慧和王斯亮（2018）使用企业层面数据进行研究，表明创业投资会促进企业创新。例如，美国设立的小企业创新研究计划（SBIR）10余年间使1435家创新型小企业得到发展资金，稳定的资金供给带来了企业创新人才涌入，引导私人创业投资跟进，保证了企业创新的可持续性（Lerner，1999）；英国的企业投资计划（EIS）和风险资本信托（VCT）设立初期重点投向创新型中小企业，在壮大企业固定资产、增加就业岗位和提高企业利润上发挥了正面作用（Cowling 等，2008）；澳大利亚设立政府创新投资基金计划（IIF），为初创期的高科技企业融资作出了卓越贡献（Cumming，2007）。

  经济持续发展最根本的动力是创新驱动，但创新会受到资本等要素的约束。创业投资机构是推动自主创新、高新技术产业和新兴产业发展的重要力量。创业投资引导基金正是利用创业投资机构的投资特性，以财政的手段使得创业投资不再是一种纯粹的私人行为，而具备了准"公共品"的性质，进而推动我国经济发展的内生动力向创新驱动的方向转变。

第三章 创业投资引导基金设立的必要性分析

第一节 政府设立创业引导基金的理论依据

如前所述，2005年国务院颁布的《创业风险投资企业管理暂行条例》，在我国政府法规中第一次提出了政府"创业投资引导基金"的概念，标志着我国创业投资引导基金制度的正式起步。

一、经济增长与制度安排关系理论

在经济学中，制度是一个含义十分广泛的概念。T.W.舒尔茨将制度定义为"一种行为规则，这些规则涉及社会政治及经济行为"。新制度经济学派对经济增长与制度安排有创造性贡献的是诺斯，他提出了"经济增长和发展的关键是制度因素"的观点，即对经济增长起决定性作用的是制度性因素，而非技术性因素。对于制度的认识，马克思是从生产这一人类最基本的实践活动出发的。首先要分析作为整个社会经济基础的生产力及与之相适应的生产关系，然后才能对耸立在这个基础上的上层建筑的性质做出合理的说明。"上层建筑指的是在一定的经济基础上形成的思想关系及其制度表现。"马克思将一定制度的形成，归结为一定生产关系以及与这种生产关系相适应并维持这种生产关系的社会机构和规则确立的过程。因此，在生产力—生产关系的唯物史观中，制度的本质就是在社会分工协作体中不同集团、阶层和阶级之间的利益关系。马克思还指出："物质生活的生产方式制约着整个社会生活、政治生活和精神生活的过程。不是人们的意识决定人们的存在，相反，是人们的社会存在决定人们的意识。社会的物质生产力发展到一定阶段，便同它们一直在其中运动的现存生产关系或财产关系发生矛盾。于是这些关系便由生产力的发展形势变成生产力的桎梏。那时社会革命的时代就到来了。随着经济基础的变更，全部庞大的上层建筑也或慢或快地发生变革。"这揭示了生产力的发展如何推动生产关系的变化，从而导致包括法律、意识形态在内的整个社会制度的变革（包括经济制度）。一旦一种新的社会生产力形成，它必然导致与之相适应的生产关系的建立，进而要求创立一种新的社会制度，这一系列变革必然引起社会生产力的发展和经济增长。社会制度的变革对社会经济发展和生产力的积极推动作用是十分明显的。

因此，我们把生产力发展与制度变迁理论运用到创业投资领域中，可以得到以下两点结论。

（一）创立创业风险投资相关制度是政府的重要职能

创业风险投资是整个国家经济发展到一定程度后的必然产物，是生产力得到新的发展的体现，随之要求新的制度与之配合。此时，作为制度的主要创立者——政府的职能就体现出来。政府不仅聚集和支配着其他经济主体无法比拟的经济收入，而且还管理和掌握着制度设计的权力。政府只有通过必要的制度安排和法律保障，使资本、知识、人才等资源能够自由转换和流动，创业风险投资活动才能真正得到发展，最终实现经济增长。正如恩格斯指出的那样："国家是通过保护关税、贸易自由、好的或者坏的财政政策发生作用。"在这里，国家既是现存社会制度的维护者、新社会制度的促进者，又是具体制度的推行者。市场经济不发达的发展中国家，根本问题是缺乏发展市场经济的制度背景，如法律和秩序、稳定的道德、产权的界定、人力资源的供给、公共品的提供、支配交易和分担风险的法规等（卢现祥，1999）。因此，在诸如我国这样创业风险投资行业还不是很发达的发展中国家，发挥政府"主导"作用，制订一套扶持创业风险投资制度，将有助于排除有关制约创业风险投资发展的因素，为创业风险投资行业健康、稳定运作建设公平、合理的制度环境。

（二）创业风险投资制度创新也是政府的一项重要职能

政府拥有一个任何经济主体无法比拟的强制力和高度的权威性，因此，政府在推进强制性制度变迁过程中，可以尽量降低创新者组织、谈判并得到有关各方一致同意的组织成本和实施成本，抵制制度变迁过程中各方面的压力，减少制度变迁中的时滞和成本，使新制度的实施更加顺利。历史发展的事实也表明：在许多发展中国家的制度改革过程中，由政府推进的强制性制度变迁对后进国家的崛起和迅速发展起到巨大的促进作用。

有别于传统政府公共补贴、直接投资等方式，创业引导基金制度是一种支持创业风险投资行业发展的新兴制度。作为一次制度上的创新，创业引导基金制度必然与原有制度法规之间存在相违背或者空白的地方，这时就需要政府的强制力量予以协助和支持。

二、正外部效应理论

正外部效应是指对交易双方以外的第三者所带来的在未来价格中得以反映的经济效益。现代公共经济理论已经作出了这样的结论：在以市场作为资源配置主体的经济社会中，对于经济活动，只有在市场失灵的领域，政府介入才是必要的。换句话说，由于正外部效应的存在，市场机制发生失灵的领域，也就是需要公共部门即政府发挥作用的范围。

创业风险投资的投资对象绝大多数是高技术型中小企业，而吸引创业风险投资青睐最主要的因素是这类企业的研发水平和发展前景。研发活动的一个显著特征就是正外部性。外部性是社会边际收益和私人边际收益的偏离引起的。由于其他厂商的仿冒行为，使得差额收益转移到其他厂商、消费者，甚至整个社会。即使在纯商业性的研发活动中，一个企业也可以借助其他企业的研发成果获利。由此可见，创业风险投资具有很强的正外部效应，并且科技成果水平越高，它的正外部效应就越大（P. 斯曼通，1989）。

根据制度经济学理论，矫正外部性的措施可以归为五大类，包括行政的手段、法律的手段、经济的手段、协商的手段和经济的手段。其中经济的手段包括税收和津贴。

三、市场失灵理论

市场失灵问题是经济学研究的一项重要问题。市场失灵是指市场机制不能正常发挥作用，导致市场机制对经济的调节作用和对经济资源的基础性配置作用的丧失，这是市场本身的不完善或缺乏必要的条件所产生的结果。市场失灵的原因有两种：一种是由于缺乏市场机制正常、充分发挥作用的条件；另一种是市场经济自身的局限性而带来的问题。即便是比较完善的市场，市场机制能够正常发挥作用，市场机制的功能仍然具有局限性。由后一种原因导致的市场失灵，即市场局限性导致的市场失灵是市场机制所固有的、无法彻底克服的。因为市场经济以微观利益主体为运行核心，追求的首要目标是效率和资源的最优配置，存在过分强调微观利益的局限，使得其无法解决宏观层面的问题。

马克思对市场配置资源的方式作了唯物辩证的评价。一方面，他认为市场配置资源有利于优化生产要素组合，实行商品产需衔接、供求均衡；有利于推动科技与管理进步，刺激劳动生产率提高；有利于发挥竞争和优胜劣汰机制的作用，增强商品生产经营的能力。他充分肯定了资本主义市场经济对于发展生产力的作用，称赞"资产阶级在它的不到一百年的阶级统治中所创造的生产力，比过去一切时代创造的全部生产力还要多、还要大"。另一方面，马克思深刻地揭示了市场配置资源的局限性和弊病。他认为在市场经济中，由于价值规律和竞争规律的自发作用，必然会使商品市场和要素市场发生"价值革命"，破坏资本循环、资本周转和社会总资本再生产正常进行所需要的各种客观比例关系，致使社会生产呈现周期性运转的特征，从而产生商品积压、生产衰退、企业关闭等社会经济现象，即经济危机。可以说，经济危机是"市场失灵"的最显著的表现。在创业风险投资领域，市场失灵表现为以下两个问题。

第三章 创业投资引导基金设立的必要性分析

（一）早期创业企业得不到创业风险投资的支持

在创业风险投资的不同阶段中，投资于企业发展早期（包括种子期和初创期）的创业风险投资被广泛地认为存在着市场失灵（Storey 和 Tether，1996；BannockConsultingLtd，2001）。Lerner（1994）指出处于早期阶段的企业出现融资缺口最为严重，主要原因就在于成熟期项目投资通常能有更具吸引力的回报，投资变现和价值的增长更快。而在早期阶段，由于信息不对称问题最为严重，经营风险大，因而创业风险投资通常不愿意投资于处于早期的创业企业，而在资本市场低迷时期，这一市场失灵就更为显著。

我国近年来创业风险投资金额和增幅连创新高，但仍存在早期阶段项目难以吸引风险投资的问题，并且这一问题有日益严重的趋势。根据中国风险投资研究院《2011年中国风险投资年鉴》所披露的调研结果，2010年披露的已完成的创业投资项目中，早期阶段项目在数量上仅占21.1%，金额上仅占9.8%，分别比2009年降低了12个百分点和2个百分点。这一结果凸显出我国创业投资领域市场失灵的严重性。

（二）市场机制不能有效解决创业风险投资的分布和布局

风险投资的发展在地区分布上呈现集聚特征，这使得不同地区之间的风险投资发展极不平衡，对不同地区的技术创新活动和经济发展产生不同的影响。陈工孟和蔡新颖（2009）将全中国划分为九大区域进行分别统计。通过对各大区域的风险投资机构数量、风险资本额、风险投资项目数和风险投资金额的比较，说明了我国创业风险投资的集聚和不均衡现象。在机构数量比较方面，上海地区的风险投资机构最多，占全国机构总数的20.40%；其次是北京，占18.41%；排在第三位的是深圳，占13.18%。可以说，全国有一半以上的风险投资机构设立在这三个城市。在风险资本额方面，北京仅一个城市就占据了全国40%的风险资本，深圳市占26%的资本，上海市占17%的资本。三个城市的风险资本之和占据全国的83%。风险投资项目数和投资金额方面，2008年在风险投资机构所投资的企业中，北京地区的企业占据20%的比例，上海地区的企业占

13.86%，深圳地区的企业占7.33%，三个地区的企业占比超40%。从投资金额来看，有28.44%的资金投向北京地区的企业，22.8%的资金投向上海地区的企业，3.68%的资金投向深圳地区的企业，共有54.92%的资金投向这三个地区。根据陈工孟和蔡新颖的研究，我国创业风险投资区域发展严重的不平衡。其中东北、华北、西部、中南等地的风险投资机构数量、风险投资额、被投资企业数目远远低于发达地区。我国已经将"开发西部""中部崛起""振兴东北"作为国家发展战略，因此，不仅沿海各地区的经济需要保持可持续发展，内地各省市也需要全力实现经济快速发展。一个地区的经济能否发展取决于该地区的企业能否发展，而企业发展的先决条件就是获得资本，而创业风险投资正是最适合的资本提供者。

政府设立引导基金，通过"看得见的手"发挥调控作用，可以有效纠正市场失灵。具体而言，政府创业投资引导基金与私人部门投资者共同组建创业投资机构，建立风险共担机制，同时配套一些有效的激励措施。政府引导私人部门投资者投入种子期或初创期创业企业，弥补市场在这方面的缺失，从而建立以政府资本为引导、民间资本为主体的多元化的创业风险投资资本体系，促进市场体系的完善。

四、政府失灵理论

政府失灵（Government Failure）又称政府失败或政府缺陷，这一概念首先是由以J.布坎南为代表的新政治经济学公共选择学派提出的。一般认为，政府失灵是政府在克服市场失灵或者市场缺陷的过程中所产生的。由于市场失灵的存在，创业风险投资领域需要加强政府的干预。但是应该注意到的是，政府干预创业投资领域的发展也并不一定能够完全矫正市场失灵。由于种种原因，政府的宏观调控、管理的职能不能正常发挥作用，从而出现政府的各种职能失效的情况，即所谓"政府失灵"。

在马克思关于政府职能的理论中，对"政府失灵"问题也有所涉及。马克思指出，政府可以而且应该在克服市场缺陷、纠正市场不足方面发挥极其重要的作用。例如，市场自身无法对工作的长度作出限制，"……随着资本主义生产的发展，从而随着固定资本规模的扩大和发展，疯狂地追求延长工作日达到了如此程度，以至到处都必须由政府出来直接干预"。但马克思主义政治经济学并不认为政府对经济生活的干预越多越好，国有企业越多越好。因为政府不仅要维护统治阶段的利益，而且政府机关还有自己的特殊利益。这种特殊利益不仅不同于全体社会成员的利益，并且也并不必然等同于统治阶级的利益。有时政府机关为了自己的利益而侵犯统治阶级的利益。正如恩格斯所说："社会为了维护共同的利益，最初通过简单的分工建立了一些特殊的机关。但是，随着时间的推移，这些机关为首的国家政权为了追求自己的特殊利益，从社会的公仆变成了社会的主人。这样的例子不但在世袭君主国内可以看到，而且在民主共和国内也同样可以看到。"这种情况在无产阶级夺取政权以后是否就能立即根除呢？不能。恩格斯说："国家再好也不过是在争取阶级统治的斗争中获胜的无产阶级所继承下来的一个祸害；胜利了的无产阶级也将同公社一样，不得不立即尽量除去这个祸害的最坏方面，直到在新的自由的社会条件下成长起来的一代有能力把这全部国家废物抛掉。"这个观点对于我们正确认识政府职能的有限性有十分重要的意义。

在现实中，创业投资领域政府失灵主要源于以下三方面：

（1）政府决策失误。市场决策是通过竞争性的市场来实现的；而政府决策是以公共物品为对象，并通过政府干预来实现。在政府决策过程中存在许多障碍和困难，导致政府决策失误。例如：①信息的有限性，政府的决策需要有充足准确的信息作为基础和依据，然而政府很难充分地掌握创业风险投资领域所需要的各种信息，从而导致决策失误；②决策实施过程中的不确定性，即便政府能够做出正确的决策，但在决策具体执行和实施的过程中，可能受到其他因素的干扰而无法实现预期效果，如决策方式本身的缺陷，政府机构间的协调，政府官员的利益和监督等问题。

（2）政府机构的低效率。政府机构的低效率有以下两个方面的原因：一是政府官员缺乏追求公共利润的动机。由于政府官员不能把利润占为己有，因而与私人部门的风险投资家和风险投资者追求利润最大化不同，政府官员通常追求规模最大化，以增加升迁机会；二是缺乏对政府官员的有效监督，政府官员的地位可能使得他们制定一些有利于自身利益而不利于公共利益的政策的措施。

（3）寻租活动。寻租活动本身没有增加社会财富的总量，只能引起社会财富的转移或重新分配。寻租活动造成了经济资源配置的扭曲，阻碍了更有效的生产方式的实施，同时会耗费社会的经济资源，浪费本可以用于生产性活动的资源。

由于市场失灵的存在，创业风险投资领域需要加强政府的干预。但应该注意到的是，由于政府干预本身具有局限性，市场解决不好的问题，政府不必然解决得好。因此，相较于政府直接设立创业投资机构，引导基金则通过联合私人部门投资者共同组建创业投资机构，并委派专业的、市场化的创业风险投资家进行管理，发挥创业风险投资家的投资和管理专长，避免了政府设立的创业投资机构因不具备专业知识而导致运作的低效率和盲目性。同时，引导基金和私人部门投资者共同组建创业投资机构，双方成为"风险共担，利益共享"的利益共同体，避免了由单独的一方完全承担投资风险的情形，从而能够最大限度地避免或减轻"政府失灵"的问题。

第二节 政府设立创业引导基金的现实依据

一、创业风险投资的战略地位需要政府的扶持

创业风险投资的主要对象是高新技术产业。高新技术产业不仅具有极高的成长性和效益性，而且对国民经济具有极强的带动性和渗透性，是国民经济的先导产业，关系到国家的综合竞争实力和经济安全。所以，发展创业风险投资具有极其重要的战略意义。前英

国首相撒切尔夫人曾指出:"英国高新技术产业落后美国的根本原因并非英国科技水平落后美国,而是因为其创业风险投资至少比美国落后10年。"创业风投资直接影响本国在未来国际商战中能否取得战略优势,并关系到本国的经济安全。这是因为:

(1) 创业风险投资是科技成果转化和高新技术产业化的重要"孵化器",创业风险投资的发展程度决定着本国经济中的高新技术产业的发达程度,而高新技术产业具有极高的成长性和效益性,决定着一个国家国际竞争力的强弱。

(2) 高新技术产业具有较强的带动性,它把自己生产的高新技术产品作为生产要素供应给绝大多数厂商,能够带动本国整体产业结构的升级换代。

(3) 高新技术具有极强的渗透性。创业风险投资推动的高新技术产业化不仅仅创造一个高新技术产业,也不仅仅把高新技术产品作为生产要素供应给绝大多数厂商,它还把高新技术产品作为消费品供应给全社会的消费者,从而改变整体社会经济的生产和生活方式。

(4) 创业风险投资催生的高新技术产业的发达程度决定着本国相对于其他国家能否享有生产技术上的比较优势,从而直接影响一国的贸易收支能否保持平衡,而贸易收支平衡状况对本国货币币值能否保持稳定有着决定性的影响。

因此,创业风险投资关系到本国是否会发生货币危机等国家经济安全问题。创业风险投资的战略重要性无法完全在竞争市场上反映出来。创业风险投资是一种商业行为,当个人和机构投资者决定是否追加创业风险投资时,他们依据的是市场反应出来的信息以及根据这些信息所作的成本—收益分析。因此,在纯粹竞争市场条件下,创业风险投资的供给往往达不到与其战略性相符的水平。这时政府有必要从全局的高度和长远的目标出发,采取扶持措施鼓励并支持创业风险投资的发展。通过引导基金的方式,政府能够有效传递将创业投资行业视为战略性行业的信号,提升全社会对创业投资的重视,有利于各方资源的汇聚。

二、创业风险投资作为投资工具的特点需要政府的引导

创业风险投资是针对科技成果的工程化、商业化和产业化的一种投资工具，具有周期长、投资量大、投资管理过程复杂等特点，主要表现为：

(1) 投资周期比较长。创业风险投资的存续期一般需要5至7年，甚至达到10年，这使得投资难以获得必要的流动性。

(2) 投资量大。创业风险投资额一般占到风险企业资本总额的30%以上，并且大多数为分阶段追加投资。后一阶段投资额往往是前一阶段投资额的10倍左右。所以，从全过程来看，创业风险投资的投资量是比较大的。

(3) 投资管理过程复杂。从科学研究、成果评估到管理风险企业、组织股票上市等，创业风险投资涉及先进的科学技术和复杂的金融学、管理学知识，只有专业人士才能精通其中的一部分环节。这种情况会导致两种后果：

其一，在科技成果创新者（拥有者）、创业风险投资家和其他市场主体之间形成信息传递上的障碍，产生所谓"信息屏蔽效应"。拥有资金的人不了解技术成果，拥有技术成果的人不懂得融资方法，而拥有管理经验的人可能既找不到资金也找不到技术。创业风险投资中的信息屏蔽效应使创业风险投资的交易成本较高，阻碍了创业风险投资的形成。

其二，难以在创业风险投资过程建立监督机制，造成道德风险的泛滥。包括技术创新者对创业风险投资者的道德风险（如科研成果以次充好），创业风险投资公司对投资者的道德风险（如隐瞒亏损），风险企业对风险投资公司的道德风险（如隐瞒利润）。这些道德风险严重影响创业风险投资的健康发展。

正是由于创业风险投资的以上特点，使得民间资本进入会有很多顾虑，最终造成我国创业风险投资的募资构成中，国有成分资金比重始终较高。因此，有必要转变政府资金参与创业投资风险的方式，由直接投资变为以引导基金方式的间接引导，吸引更多民间资

本的进入。

三、创业风险投资结构性缺陷需要政府来弥补

与国外发达国家相比,我国创业风险投资更集中于成熟期项目,而缺乏诸如"天使投资"的风险投资类型,使得整个中国创业风险投资结构存在缺陷。所谓天使投资,是自由投资者或非正式风险投资机构对原创项目构思或小型初创企业进行的一次性的前期投资。其特殊性在于:天使投资者既是风险投资者,又是风险投资家。换句话说,天使投资者集创业风险投资资本供给者和管理者于一身。天使投资者通常包括以下几类人:第一,曾经的创业者。这类风险投资者曾经成功地创业,但由于种种原因不能亲自创业了,他们通过投资于扶持创业者创业,以体验创业的激情。第二,富有的人。如富裕的律师、会计师或医生,他们希望能够通过投资创业,可以体验冒险激情并间接体验创建企业的乐趣。第三,大型高科技公司的经济精英。此类群体拥有高额的薪水,同时拥有对技术的独创见解。他们通过进行天使投资将自己的想法付诸实施。与创业风险投资机构的风险投资相比,天使投资具有以下的特征:

(1) 投资阶段。研究表明,天使投资是种子期创业融资的最大单一来源,其资金占种子期的48%。在创立期,天使投资提供20%的资金。以投资的项目轮数而不是数量来进行比较时,天使投资在早期融资中的中心地位就更加明显。研究表明,天使投资在种子期创业企业投入了52轮资金,占此阶段的83%;在初创期创业企业的投资轮数也比风险投资机构多,占该阶段的59%。因此,天使投资为种子期和初创期创业企业提供了大量的资本来源,这在一定程度上解决了新设立的企业,尤其是技术密集企业的资金需求。

(2) 天使投资的投资动机比一般的创业风险投资者和风险投资家更为复杂。风险投资者将资金交给风险投资家运作,唯一的目的就是追求资本的收益。因此,风险投资家的投资决策、投资动机应该主要是基于经济因素方面的。同时,由于风险投资家面临激烈的市场竞争,决定了风险投资家表现出了规避风险和追求高收益的倾

向。而对于天使投资家而言，追求资本收益可能只是投资动机之一。研究表明，当天使投资家预计其投资有利于增进社区就业，有助于如环保、医药、节能等社会福利技术的商业化，有助于女性和少数民族时，他们中50%以上表示愿意冒较高的风险而接受较低的回报进行投资。可见，天使投资家在关注资本收益的同时，也非常看重精神收入，如帮助创业者建立成功的企业，实现自己的某种意愿。

(3) 天使投资家通常是资金加创业经验的结合，而且更积极主动地帮助创业企业，为创业企业提供更多的增值服务。天使投资家通常具有丰富的商业和创业经验。同时，天使投资家的投资容量较小，即投资项目数量小，这会迫使天使投资家密切关注他们所投资的每一个企业，避免投资的失败。而天使投资家所投的多为种子期或初创期的创业企业，这些企业需要的增值服务的量也是非常大的。因此，天使投资家比风险投资家能为创业企业提供更多的增值服务。

正是由于天使投资所具备的特点，使得天使投资和风险投资机构互为补充、各有侧重地投资创业企业，构成了完整的创业风险投资体系，使得任何一个阶段的创业企业都可以获得资金和管理增值服务的支持。

在我国，持续增长的个人储蓄意味着丰富的民间资金，同时富有群体的形成也为我国天使投资的发展创造了潜力。但是，我国天使投资还没有形成有效的群体（刘丁己等，2005），主要有以下几方面的原因：第一，由于自身素质和观念的缘故，规避风险意识很强；第二，一部分群体对创业投资比较陌生，不敢贸然进入；第三，我国当前的创业投资机制和投资环境尚未完全成熟健全。同时，由于法律保障的缺失、退出机制的不健全、尚未形成激励天使投资机制的良好氛围等，直接制约了我国天使投资业的发展（陈红辉和赵正堂，2004）。因此，需要政府介入来弥补整体创业风险投资结构的这一部分缺陷。

从上述的分析中我们可以看出，政府强制权力的存在为政府扶持创业风险投资发展提供现实可能；政治经济学、制度经济学、公共经济学的一些理论为政府设立创业引导基金制度提供了理论支撑；

创业风险投资对科技进步与经济发展的促进作用、创业风险投资自身高风险、高收益的特性和运作机制的复杂性为政府设立创业投资引导基金提供了现实依据。以上分析结论将在对在美国、以色列、澳大利亚等国家实施引导基金制度的经验研究中得到有效印证。

第三节 创业投资引导基金推动经济高质量发展的内在机制

一、创业投资引导基金推动创新活动的机制

(一) 科技创新如何产生？

1. 创新活动的正外部性

外部性是当一项生产活动所带来的社会边际收益与私人边际收益存在差异时出现的。如果社会边际收益大于私人边际收益就产生了正的外部性，反之则出现负外部性。创新活动通常是一项具有正外部性的经济行为，主要表现为企业创新存在技术外溢效应和市场外溢效应（李吉栋，2010）。所谓技术外溢，即当先行企业在经过大量投入获得技术突破后，其技术成果很容易通过各种途径被后来的企业学习、复制或模仿。例如，后来者可以通过高额薪酬挖掘先行者的关键技术人才，相比研发投入，这些高额薪酬微不足道。新古典增长理论中已经有大量的研究表明：技术具有重要的溢出效应，Romer（1986）、Rivera 和 Romer（1990）等人的研究均揭示了这点。林毅夫和张鹏飞（2005）在吸取了前人研究成果之后，根据我国经济的发展经验提出"后发优势理论"，其一个核心观点是：欠发达国家可以根据本国要素禀赋从发达国家引进技术，只要能进行自我升级，就可以带来比发达国家更高的经济增长。

不仅仅是国家层面，企业层面也是一样。Shankar 等人（1998）通过对几十家企业的研究揭示了一个反常现象：在企业竞争中，后进者往往可以建立起相对于先进者的优势。它们不仅可以通过辨识自己的优势、找到被忽视的产品定位，而且在价格、营销上采取相应的措施，让先进者进入自己的游戏规则，并通过吸收先动者的技术弥补自己的不足，或创造出更符合市场的技术。

市场外溢，是指消费者对创新企业开发的新产品不了解，接受程度比较低，此类产品往往没有成熟的市场，因此需要投入大量人力、物力和财力到市场的开发和消费者的教育上。市场被开发出来后进入高速增长阶段，会引来大量的竞争者进入，而这些后来的竞争者并不需要像先行者那样投入大量资源开发市场。

不论是技术外溢，还是市场外溢，都可能会导致先行企业所获得的收益无法弥补其所投入的成本，甚至由于其边际成本过高而被后来者挤出市场，这会带来两个方面的不良影响。一方面是企业不敢贸然创新；另一方面是由于创新需要大量的资金投入，创新者依靠自有资金往往无法满足创新的需要，这需要借助外部资金。但因为受到技术外溢和市场外溢，创新的收入无法预期，导致创新资金的供给不足，也就是"市场失灵"，进而导致创新不足。

2. 金融发展不均衡

技术创新与金融发展密不可分，如果没有金融发展，技术创新就会处于封闭状态（辜胜阻，2011）。第一次产业革命得益于伦敦证券交易所为蒸汽机的产业化提供强大的金融资源；第二次产业革命得益于美国的资本市场；而第三次产业革命——计算机、半导体、网络技术及生物科技的飞速发展，则主要得益于美国的创业投资培育了英特尔、苹果等一批世界级高科技企业（资本市场改革课题组，2019）。金融市场发展不足、融资约束是导致我国创新不足的一个关键因素。张杰等人（2012）、孙晓华等人（2015）的研究表明，融资约束对企业 R&D 投入造成了显著的抑制效应。而金融发展不仅可以显著缓解企业的融资约束（沈红波等，2010），还可以通过增加信息供给的丰盈度、分散投资风险及监管约束等改善创新市场中的信息不对称问题，缓解企业创新面临的融资约束，促进企业生产率提高（黄婷婷和高波，2020）。但金融发展的滞后或金融压抑往往是发展中国家面临的重要问题之一（King 和 Levine，1993；Levine，

2002)。

我国的金融体系经过几十年的发展和改革，在一定程度上得以完善，企业融资渠道日益丰富，金融市场化程度也在提高。但就目前而言，银行贷款仍是我国主要的融资渠道。根据 Wind 数据库和国泰安数据库统计，2015 年，我国非银行机构筹资额仅为银行机构筹资额的 2.53%。银行部门掌握了大部分金融资源，金融资源配置非常不均衡。尤为突出的是，虽然银行掌握大部分的金融资源，但企业创新资金的主要来源却并非银行，而是自身现金流、注册资本增加及商业信用，明显依赖于内部资金（孙晓华等，2015）。

更有研究表明，来自银行等机构的贷款并没有促进企业的创新行为，反而对其产生了抑制作用（张杰等，2012）。因为研发活动往往需要大量资金的长期持续投入（孙晓华等，2015），可能经济效应比较滞后和充满不确定性，银行等渠道提供的资金很难满足这点要求，且伴随着还款压力。综上，我国金融发展还不完善，企业很难获得恰当的资金开展研发投入。

3. 创新市场的信息不对称

私人新企业是组织商业创新的重要手段。熊彼特（2009）指出，创业是实现创新的过程，创新通常是通过企业家引进一种新产品、采用一种新生产方法、打开一个新市场、控制或征服原材料或半成品的某种新来源、创造一种新组织而发生的。但这些新企业往往会受到补充资产的约束而导致创新不足（Eckhardt 和 Shane，2011）。一个关键原因就是，创新市场的信息不对称问题带来资本的供给不足。

信息不对称所带来的市场萎缩问题，在 Akerlof（1970）的"旧车市场模型"中体现得淋漓尽致。在旧车市场中，由于卖车方掌握产品的质量情况，买车方并不了解，只能通过市场上车子的平均质量进行估价，结果是质量好的车子由于卖不起价而退出市场，最终市场上被劣质产品所充斥，导致整个市场萎缩到零。

导致创新市场信息不对称的关键原因是缺乏成熟的信息披露机制。更为重要的是，创业市场本身就具有高风险性，其中涉及技术风险——技术能否突破，新产品能否开发出来，研究方向是否正确等；市场风险——新产品和服务能否被市场接受，是否具备市场壁垒；政策风险——如环保政策、税收政策、能源政策、市场许可等；同时还会面临成长的风险，如管理水平等。所以，行动结果具有极大的不确定性、投入规模的可预期性也较弱。

一方面创新的高风险性，另一方面资本无法真实地了解到创业企业的真实情况，如管理水平、技术前景、市场状况等，即信息不对称问题，都会导致私人资本不愿意进入创投市场。我国中小企业融资难问题就源于此。

(二) 创业投资引导基金推动创新活动的作用机制

1. 弥补创新正外部性及金融发展不平衡带来的资金供给不足

《关于创业投资引导基金规范设立与运作的指导意见》中明确指出："引导基金的宗旨是发挥财政资金的杠杆放大效应，增加创业投资资本的供给，克服单纯通过市场配置创业投资资本的市场失灵问题。"创业投资引导基金是作为《国家中长期科学和技术发展规划纲要（2006—2020年）》配套政策而出台的，往往投资于政府重点扶持和鼓励的高新技术、战略性新兴产业等产业领域的创业企业，这是对现有金融市场的重要补充。

杠杆效应在经济管理中最早出现在财务管理领域，意指一种放大效应。从国外创业投资发展经验来看，政府引导基金起到关键的作用，其根本原因就是通过政府的高能资本撬动了巨大的民间资本进入创投领域。创业投资引导基金是由政府设立的政策性基金，可以说是一种高能资本，能够吸引更多民间资本投入创业投资领域。《创业投资企业管理暂行办法》（发展改革委等十部委令2005年第39号）中就明确指出，"国家运用税收优惠政策扶持创业投资企业发展并引导其增加对中小企业特别是中小高新技术企业的投资"，从而吸引更多的私人资金介入，缓解市场失灵所导致的创投领域对创新资金供给不足的问题。

创业投资引导资金的作用主要体现在三个方面：一是作为高能资金，可以吸引更多资金进入创业投资领域。二是减少基金募资的时间间隔。郭立宏（2018）认为，有引导基金参股的投资，募资的时间间隔会更短。三是通过制定配套的法律法规和优惠政策来激发创新。

已有研究发现，在创业障碍较低、税收和监管环境欢迎创业资本投资、资本利得税较低的国家，创业资本在培育创新方面相对更为成功（Popov 和 Peter，2012）。赵维久（2016）、边思凯和周亚虹（2020）也发现，政府引导基金在早期对企业投资后，能够为企业吸引更多的投资者来投资。Lin 等人（2018）也探讨了我国创业资本与创新的互动关系。他们运用普通最小二乘法、切换回归模型和反事实比较法发现，创新企业在接受第一期风险投资时，其早期、发展和扩张这三个阶段中，创业资本的金融角色和增值服务的综合效应对创新的促进作用都很重要。

2. 缓解创新市场信息不对称

在我国，创业投资引导基金并不以营利为目的。其基本原理是用较小力量通过一定支点来翘起较大的力量。进入可能涉及关系国计民生、战略性新兴产业的前沿技术领域，开展基础性工作，这一方面能够引起私人资本的关注，另一方面也为后来的私人资本进入积累经验、构建基础。

信息不对称是中小企业缺乏长期资金支持其研发投入的关键原因之一。创业投资引导基金的关键作用体现在"信号效应"。Lerner（2002）提出了"信号发送假说"，即创业投资引导基金的投资行为可以为其他市场主体发送信号，缓解创业投资过程中的信息不对称及融资难问题，降低了中小企业与外部投资者的信息不对称问题。杨军、周月书和褚保金（2009）运用委托代理模型证明政府参股创业风险投资，可以有效降低投资者与创业风险投资家代理成本的同时，发挥政府资金的杠杆作用。

创业投资机构通过积极参与和有效监督降低被投资企业的信息不对称性，从而降低研发投入的融资约束（陈三可和赵蓓，2019）。李骏和万君宝（2019）以 2008—2015 年沪深 A 股上市公司政府研发补贴做了一个类似的研究，发现研发补贴可以显著降低企业的融资约束，而其中的机制就是"信号效应"。研发补贴的信号效应在企业、行业和区域间均存在异质性，对中小企业、处于成长阶段的企业及落后地区、不确定性比较大的行业或新兴行业的作用效果更为明显。

二、创业投资引导基金促进创业活动的机制

（一）传统观点：直接影响

创业活动是经济增长的内生活力，能够推动经济高质量发展（赵涛、张智和梁上坤，2020）。传统的观点一般认为，创业投资引导基金对创业的影响有两个方面的作用机制。

1. 为创业企业提供创业资金

Blanchflower 和 Oswald（1990）对欧洲、加拿大和美国进行了一项调查，在这项调查中，他们发现整个西方数以百万计的员工更愿意成为创业者。相对于雇员，创业者在工作满意度和个人生活满意度方面均要更高，这表明很多人都愿意创业，但真正创业的人却很少，是什么阻碍了他们成为企业家？传统理论认为，资本是约束潜在的企业家成为企业家的关键制约因素（张维迎，2015）。例如，Blanchflower 和 Oswald（1998）的研究表明，接受遗产或礼物似乎会增加一个典型个体成为创业者的概率。Evans 和 Jovanovic（1989）开发并估计了一个流动性约束下的创业选择模型，他们发现流动性限制对创业者有约束力。

2. 提高创业成功的概率，从而促进创业

创业投资家通常是一群既拥有管理、金融、技术、营销等方面专业知识，又拥有丰富投资管理和企业管理经验的人。很多担任创业投资企业的高管，通常本身就是在某一个或某些领域有过成功经验的人，对商业的基本规律、前沿技术及行业发展趋势有一定的认识和判断力。他们从事创业投资，能发挥顾问的作用，包括管理顾问、技术顾问等。《创业投资企业管理暂行办法》中明确规定，创业投资企业可以开展为创业企业提供创业管理服务业务和参与设立创业投资管理顾问机构。Gorman 和 Sahlman（1989）、Hellmann 和

Puri（2002）、Baum 和 Silverman（2004）的研究均支持了创业投资专家的观点，即为拥有强大技术、但在短期内面临失败风险的初创企业提供资金的同时，也提供管理专业知识、专业建议及商业策略。

（二）创新的间接作用

民生证券 2017 年的调查数据显示，不论是从投资数量，还是投资规模来看，大多数政府引导基金都投向了处于扩张期、成熟期的企业，而仅有 1% 左右的政府引导基金投向了种子期的企业。从数据来看，创业投资引导基金直接促进创业的作用是比较微弱的。王辉和汪炜（2021）的研究揭示了创业投资引导基金并没有引导创投机构投向早期的创业企业，但是促进了创投机构对科技型企业的投资。

创业本身是一种基于经济利润动机的选择（陈旭东和刘畅，2017），企业家只有在了解了增长或业绩相关机会的情况下才可能组建公司（Eckhardt 和 Shane，2011）。而这种机会，笔者认为其本身可能是创新影响后的一种带动结果。创新为潜在的企业家提供了众多获取丰富经济利益的机会，这些机会主要创新的转化运用以及由此引起的关联服务。创业投资引导基金对创业的影响，可能也来源于创新的带动效应。这个带动效应来源于通过促进企业的研发投入，获得更多的创新产出或结果，这个结果带动了其他人的创业。创业反过来会为创投提供更多机会，有利于扩大创业投资引导基金的规模。当然，创业投资引导基金的影响也可能来源于对新兴产业、高科技产业的影响，通过产业机会带动了创业。

三、创业投资引导基金影响产业结构升级的机理

创业投资引导基金对产业结构升级的影响分为两个方面：首先，通过引导社会资金进入高新技术产业或目标产业，为产业发展提供资金，直接引导产业发展；其次，通过创新、创业间接影响产业结构升级。

（一）增加高新技术产业发展的资本供给

我国高新技术产业发展不足，表现为整体技术水平不高、关键

技术研发能力不足，产业附加值偏低、在国民经济中的比重偏低，创新知识的积累和管理经验都比较缺乏，产业链的核心环节还比较薄弱。

高新技术产业发展本身具有很大的不确定性，前期投资较高但回报率低、投资周期长，后期研发成果又很容易扩散或被其他企业模仿，具有很明显的正外部性，所以风险很大，严重影响了社会资金对其的信任，导致社会资本参与积极性不高，制约了其发展（林松池，2014）。

创业投资引导基金在金融市场与高新技术产业之间架起了一座桥梁。一方面，创业投资引导基金兼具国家或政府信用与专业化市场运作的优势，可以在一定程度上引导资金、人才等社会资源流向高新技术产业（杨军，2006），改善和增加高新技术产业的资本供给；另一方面，创业投资引导基金成立后，可发起多个产业定向子基金，拓宽融资渠道，吸引国有资本、民间资本、海外资本等共同参与到高新技术产业的投资中，使得高新技术产业的资本供给大幅增加，发挥财政资金"四两拨千斤"的杠杆放大效应（李屹人，2013）。

现有研究表明，政府资金在促进产业结构升级中发挥重要的作用。例如，赵健（2019）通过利用河南省2000—2016年的季度数据，借助时间序列分析和分位数回归方法，证实民间投资与政府投资对产业结构升级都具有正效应，且政府投资作用更为显著，尤其在经济发展水平还不高的情况下。齐鹰飞（2020）分析了财政支出的部门配置对GDP、福利和产业结构的影响，表明产业结构受财政支出部门配置的影响。

《2019年中国政府引导基金发展研究报告》显示，截至2019上半年，我国创投类政府引导基金共成立528支，占基金总数的31.3%；基金目标总规模为8131.02亿元，已到位资金规模为5714.37亿元。从基金扶持方向来看，创投类政府引导基金主要以地区中小企业发展、科创企业、高新技术企业以及节能环保、新兴信息产业、生物产业、新能源、新能源汽车、高端装备制造业和新材料为主的战略性新兴产业为重点投资对象。

(二) 通过促进创新推动产业结构升级

李兰冰和刘秉镰 (2020) 指出:"技术创新与转化应用是推动产业发展的重要推动力。"技术创新的空间扩散效应是产业及产业链形成、产业转型升级的内源渠道。高的创新驱动能力可以对全球价值链的低端锁定进行解锁 (李兰冰和刘秉镰, 2020)。秦智鹏 (2014) 和陈诣婷 (2018) 的研究表明,创业投资引导基金可以促进被扶持的企业增加研发投入。如果创业投资引导基金能够促进创新,那么就可以通过创新来影响产业结构,这种影响主要表现在以下三个方面。

首先,促进企业增加研发投入,提高技术水平,增加高技术企业的数量,提高高新技术产业在经济中的比例,促进产业从低技术产业向高技术产业的转移。高新技术产业形成与发展的动力与源泉都源于自主创新,如果没有技术的突破,符合我国战略发展的高新技术产业就无法形成或发展。李邃和江可申 (2011) 的研究表明,高技术产业的科技能力与产业结构优化升级具有较强的正相关性,高技术产业科技能力每提高1%,产业结构优化程度提高0.783%。

其次,高新技术企业和产业的发展会带动服务业的发展,推动产业结构从第一、二产业向第三产业转移。从美国产业发展的历程可见,一个创新投入很高的国家,美国第三产业在GDP中的占比已超过80%。

最后,有些高新技术产业本身就是服务业,比如互联网行业。民生证券《政府引导基金全景图——民生宏观固收经济韧性系列之三》对截至2017年8月中旬政府全部引导基金直接参与投资的715个项目研究后发现,政府引导基金直接投资的项目中,投资数量排名第一的是IT行业,为93个,占比13.01%;其次为互联网行业,为71个项目,占比9.93%,而这个行业恰恰属于第三产业。

(三) 通过创业影响产业结构升级

要实现经济由高速增长阶段向高质量发展阶段的转变,当务之急是要形成现代化的经济体系 (逢锦聚, 2019)。现代化的经济体系就包括现代化的产业结构体系。而要建立现代化的产业结构体系，必须有现代市场主体体系（逄锦聚，2019），这个市场主体就是企业和企业家。

近年来，政策制定者已经将目标锁定在中小企业和新企业家身上。他们关注到创业不仅仅是一种个体行为，而是一种系统现象（Acsetal，2016）。例如，Overholm（2015）发现在新兴产业的创业群体中，个体创业者可以创造机会，并向他人扩散。他以美国太阳能服务业早期阶段的五个案例为研究对象。在这个行业中，企业家们无意中共同创造了一个行业生态系统，机会创造和发现会在企业家群体中进行分配。换句话说，创业活动具有发散和传导效应，能够形成产业集群化发展。

现有研究表明，创业投资引导基金对创业活动具有重要作用，不仅可以降低创业失败的风险（Levine，1997；Lerner，1999），Kortum 和（Lerner，2000；Brander，etal，2014），还可以提高创业企业的经营业绩（Baum 和 Silverman，2004）。那么创业投资引导基金就可能通过影响创业而影响产业结构升级。一方面，增加高新技术企业的数量，推动高新技术产业的发展；另一方面，通过高新技术产业的发展带动服务业的发展。

（四）创业投资引导基金对区域经济发展的影响机制

由于创业投资引导基金属于微观层面的内容，不能直接对宏观层面的区域经济发展产生影响。区域经济发展属于经济的宏观内容，它会受到微观基础如创新、创业的影响，也会受到来自中观层次如产业结构方面的影响。

1. 企业是区域经济联系的载体

李兰冰（2020）指出，企业即区域间贸易联系机制与投入产出联系机制的建构主体，也是充分发挥市场机制协调区域经济发展的主要力量，例如，企业跨区域投资、并购和布局会促进区域经济在合理分工条件下的协调性。经济落后地区，物质资本和人力资本匮乏，创业活力不强，这是制约区域经济协调发展的一个重要原因。区域之间形成以比较优势为条件的合理分工体系、有效贸易联系及要素双向合理流动，这是要以活跃的市场主体为前提的。

如果创业投资引导基金能够带动当地更多人创业，就可以引导社会资金、技术和人力资本等生产要素向这些地区集聚，促进资本等生产要素在地区之间的流动，补充这些地区发展所需要的高质量生产要素，提升经济发展的基础条件，从而促进地区经济发展。赵维久（2016）还发现，政府引导基金在早期对企业投资后，能够为企业吸引更多的投资者来投资。肖灿夫（2010）的研究表明，引导区域资本流动对于促进我国区域经济的协调发展具有积极的影响。不过，它也可能受到地方创业水平的约束，如果地方创业水平本身不高或存在显著差异，这种效果可能会受到影响。区域协调发展存在两个维度——公平性和联系性。创业活动中，创业投资引导基金对区域协调发展的影响在这两个方面可能会存在差异性。

2. 创新活跃度决定地区经济发展质量

李兰冰和刘秉镰（2020）提出，在区域经济发展的质量和速度方面，创新活跃度起着决定作用。创新能够提升综合承载能力突破生态约束。当前，我国经济正面临人口等重要生产要素"式微"的问题，有人甚至提出可能出现"未富先衰的问题"。这主要是因为我国还存在很多欠发达地区，但传统资源却在逐渐失效。在这种情况下，全要素生产率是推动这些地区经济发展的关键因素，而创新是全要素生产率改善的根本源泉（李兰冰和刘秉镰，2020）。

就区域间的经济发展关系而言，李兰冰（2020）判断，我国已经历了低水平协调和非协调发展阶段，进入转型协调发展阶段并向高水平协调发展阶段迈进。在这个阶段，创新是驱动我国区域发展由转型协调发展向高水平发展阶段迈进的主要动力。

促进创新是设立创业投资引导基金的政策目的之一，创业投资引导基金会通过促进创新对区域经济发展产生影响。创新可以通过两个维度影响地区经济发展，一方面它能提高地区全要素生产率；另一方面它能推动地区向高新技术产业转移，这种产业的转移推动了地区经济的发展。在创业投资引导基金影响区域经济发展过程中，创新可能起到中介作用。创业投资引导基金对区域经济发展的影响，也可能会依赖地区创新能力和水平。地区创新水平越高，创业投资引导基金越有可能吸引更多的资源流入。

3. 产业是区域经济发展的重要内容

区域经济发展是一个比较复杂的系统工程，其中一个至关重要的内容就是产业。李兰冰（2020）指出，产业是区域经济发展的骨架体系，区域经济的协调发展受到四个方面的制约：治理协调、市场协调、产业协调和空间协调，其中产业协调是难点。所谓的"产业协调"，就是不同地区形成合理的分工体系和合作体系。它之所以难，就在于我国地区间的异质性比较强，在产业基础、区位条件上存在较大差异。

创业投资引导基金对区域经济的影响可能会受到地区之间产业结构的制约。地区产业结构分为合理化和高级化，合理化可以理解为三次产业分别在 GDP 中的比例；高级化可以解释为产业从低技术的传统产业向高新技术产业转移，以高技术产业在经济中的占比衡量。崔忠平（2018）的研究表明，产业结构的高级化和合理化均对区域经济增长率产生了积极的影响，但对于是否促进区域经济协调发展的问题，他并没有进一步探讨。对区域经济增长率产生影响，可能促进区域经济均衡发展，也可能加剧区域经济发展的不平衡。

如果地区之间产业分工比较合理，形成相互支撑又具有本地优势的产业结构，那么创业投资引导基金可能会促进区域协调发展；如果地区之间产业布局本身不合理，创业投资引导基金可能会拉大区域之间的发展差距。这种差距的拉大，会进一步抑制要素在地区之间的流动，隔离区域之间的经济联系程度。

我国经济结构在不同地区之间条件差异很大（王文剑和覃成林，2008；张晏和龚六堂，2005；王永钦等，2007），在经济发达的地区，往往第三产业的占比和高新技术产业的占比较高，而经济落后地区这二者占比会相对低。如江苏、广东、浙江三省的 GDP 在全国排名靠前，它们第三产业的占比及高新技术企业的数量也在全国排名前列。创业投资引导基金通过产业结构影响区域经济发展，可能会拉大区域经济发展的不平衡。创业投资引导基金在电子信息、生物医药、新材料、光机电一体化、新能源等领域投资比较多，而这些产业则在经济发达地区比较成熟。

创新、创业、产业结构和区域协调发展，本身就是经济高质量发展的核心关注内容，同时它们也可能是影响经济高质量发展的机制。由于所属的结构层次不同，这里面就存在两个方面的机制路线。一是直接的机制路线。创新、创业、产业结构和区域协调发展作为经济高质量发展的核心内容，创业投资引导基金对他们可能会产生直接影响。二是间接的机制路线。这是一个从微观到中观再到宏观层层递进的逻辑演进过程。创新是创业投资引导基金推动经济高质量发展的起点。从创业投资引导基金设立的目的和定义不难了解到，创业投资引导基金能够直接影响的是创新。创业投资引导基金主要通过引导作用缓解信息不对称，通过杠杆放大效应为企业研发创新提供资金。创新又会带动创业，因为创新为潜在企业家提供了机会，从而提升经济发展的质量。

第四章　创业投资引导基金发展的现状

第一节　我国创业投资引导基金发展历史

伴随创业投资在我国的蓬勃发展，其面临着投资早期和后期创投市场比例失衡，具备技术、管理和金融知识的、有经验的创业投资家欠缺等诸多问题。在这一背景下，创业投资引导基金作用越发重要。国家和地方政府可通过设立引导基金，引导民资和外资进入创业投资行业，有计划地调整创业投资结构。基于上述原因，中央及地方政府设立引导基金的热潮逐步席卷全国，各省、自治区、直辖市纷纷制定、出台了适合本地的创业投资引导基金的设立方案。

从历史上看，早在20世纪90年代，我国政府就在探索如何利用创业投资引导基金促进创业投资行业发展。在此过程中，北京、天津、上海、深圳等地形成了各具特色的引导基金方式，这些引导基金的运作模式都是有益的探索，为此后创业投资引导基金的顺利运营积累了丰富的经验。为全面了解我国创业投资引导基金的发展轨迹，本研究以关键性法律法规颁布时间为节点，对我国创业投资引导基金的发展脉络进行梳理。根据这一指标，可以将我国创业投资引导基金分为三个阶段：探索起步阶段（2002—2006年）、快速发展阶段（2007—2008年），以及规范化设立与运作阶段（2009年至今）。

第四章　创业投资引导基金发展的现状

一、探索起步阶段

1998年以后，受国家"科教兴国"战略的鼓舞，我国创业投资掀起热潮，北京、深圳、上海、江苏、山东等地相继成立了多家政府背景的创业投资公司。这些政府主导型创业投资机构，很快成为我国创业投资行业的重要力量。此后，上海、江苏、深圳、天津等地方政府建立的主导型创业投资机构，虽然未正式命名"创业投资引导基金"，但在实际运作中却发挥着政府引导基金的作用。

2002年，我国第一家政府引导基金——中关村创业投资引导资金成立。该引导资金是由北京市政府派出机构——中关村科技园区管理委员会设立。目前，基金的运作主体为北京中关村创业投资发展中心，资金来源于中关村管委会，总规模5亿元，主要采用种子资金、跟进投资和参股创业投资企业的方式进行运作。

在探索阶段，为弥补财政资金参与创业投资的政策空白，2005年11月，国家发展和改革委员会等十部门联合发布了《创业投资企业管理暂行办法》（以下简称《办法》），《办法》第二十二条明确规定："国家与地方政府可以设立创业投资引导基金，通过参股和提供融资担保等方式扶持创业投资企业的设立与发展。具体管理办法另行制定。"至此，引导基金这一定义首次正式提出。此办法概括规定了引导基金的设立方式和作用，第一次从正式文件上引出了引导基金的内涵，确立了引导基金的法律地位。

2007年，为贯彻《国务院关于实施〈国家中长期科学和技术发展规划纲要（2006－2020年）〉若干配套政策的通知》，财政部和科技部联合制定了《科技型中小企业创业投资引导基金管理暂行办法》（以下简称《办法》）。该办法对科技型中小企业创业投资引导基金的设立目的、资金来源、运作原则、引导方式和管理方式等进行了较为详尽的规定。同时，《办法》还规定科技型中小企业创业投资引导基金专项用于引导创业投资机构向初创期科技型中小企业投资，属于典型的创业投资引导基金。

随后，在《国家中长期科学和技术发展规划纲要（2006—2020

年)》等政策的鼓励下，苏州工业园区、北京海淀区、上海浦东新区和无锡新区相继设立引导基金。根据投中集团数据显示，截至2006年底，全国共设立引导基金6只，基金总规模接近40亿元。

二、快速发展阶段

2007年，我国创业投资进入高速发展期。与此同时，创业投资引导基金不论是规模还是数量，实现了前所未有的增长。从中央到地方，各级政府都开始或筹备建立创业投资引导基金。不仅以北京、天津、上海、长江三角洲、珠江三角洲为代表的经济发达地区涌现出众多引导基金，而且经济相对落后的陕西、云南、甘肃、四川等地也相继设立了引导基金。投中集团数据显示，2007－2008年间，全国共新成立政府引导基金33只，总规模接近200亿元。

虽然在这一阶段，引导基金规模增长迅猛，但引导基金设立后，由于配套措施不完善导致了引导基金的性质、宗旨、管理方法、运作模式、监管考核和风险控制等诸多关键问题无法有效落实，造成许多地方政府引导基金虽已设立很长时间，但一直无法实际运作。

为了有效指导与规范中央及地方各级政府设立、运营引导基金，国家发展和改革委员会、商务部、财政部于2008年10月出台了《关于创业投资引导基金规范设立与运作的指导意见》（以下简称《意见》）。该《意见》首次明确了引导基金的概念及内涵，并对引导基金的性质及宗旨、设立及资金来源、运作原则及方式、管理方式及监管方式、风险控制等进行了明确的要求。

三、规范化设立与运作阶段

为了对引导基金股权投资收入的收缴工作进行规范，2010年财政部、科技部联合印发了《科技型中小企业创业投资引导基金股权投资收入收缴暂行办法》（以下简称《办法》）。根据《办法》规定，引导基金股权投资收入包括：引导基金股权退出应收回的原始投资及应取得的收益；引导基金通过跟进投资方式投资，在持有股权期间应取得的收益；被投资企业清算时，引导基金应取得的剩余财产清偿收入。

2011年8月,为了加快新兴产业创业投资计划的实施,加强资金管理,财政部、国家发展改革委员会制定了《新兴产业创投计划参股创业投资基金管理暂行办法》,明确提出中央财政参股基金应集中投资于节能环保、信息、生物与新医药、新能源、新材料、航空航天、海洋、先进设备制造、新能源汽车、高技术服务业等战略性新兴产业,并通过高新技术改造升级传统产业。该办法的颁布对引导基金的投资范围进行了划定,有利于推动地方战略性新兴产业以及中小型创业企业的发展,发挥政府资金的杠杆放大作用。

《科技型中小企业创业投资引导基金管理暂行办法》《关于创业投资引导基金规范设立与运作的指导意见》以及《新兴产业创投计划参股创业投资基金管理暂行办法》三个文件的出台,为引导基金的设立和运行提供了实质性的法律指导。各地政府迅速地做出了反应和对策,不但很快设立了一批地方引导基金,还相应地制定了一系列地方实施办法,引导基金进入一个繁荣时期。江浙地区政府引导基金的设立继续保持快速发展势头,不仅数量上快速增长,而且新成立引导基金在规模上也迅速扩大。

第二节 创业投资引导基金的制度建设与发展现状

2005年开始,我国陆续出台政府引导基金的相关文件。《创业投资企业管理暂行办法》(发改委令第39号)首次提出了政府可以设立创业投资引导基金,并通过参股和投融资担保等方式扶持创业投资企业。2008年10月,根据《国务院关于实施〈国家中长期科学和技术发展规划纲要(2006—2020年)〉若干配套政策的通知》(国发〔2006〕6号)的文件精神,为配合发改委令第39号的实施,国务院办公厅发布了《关于创业投资引导基金规范设立与运作的指导意见》(国办发〔2008〕116号),并制定了"政府引导、市场运作,科学决策、防范风险"的原则,强调了创业投资引导基金的目标是增加资金供给、克服市场失灵、发挥财政资金的杠杆放大效应。但是，由于私募股权投资市场本身在国内发展较晚，社会投融资需求主要还聚集在以土地财政为核心的产业上，政府引导基金的发展处于起步阶段。

2014年起，国家针对投融资机制改革出台了一系列文件，包括《国务院关于创新重点领域投融资机制鼓励社会投资的指导意见》（国发〔2014〕60号）、《中共中央、国务院关于深化投融资体制改革的意见》（中发〔2016〕18号）、《国务院关于促进创业投资持续健康发展的若干意见》（国发〔2016〕53号）等，相应的关于政府出资设立引导基金的政策则有《政府投资基金暂行管理办法》（财预〔2016〕210号）和《政府出资产业投资基金管理暂行办法》（发改财金规〔2016〕2800号）。这两个文件将原有文件的"创业投资引导基金"重点扶持处于种子期、起步期等创业早期的企业扩大为"各类资本投资经济社会发展的重点领域和薄弱环节"，即除了支持创新创业、中小企业发展外，还囊括了支持产业转型升级发展领域、基础设施和公共服务领域、战略性新兴产业和先进制造业领域、住房保障领域、非基本公共服务领域等。随即启动了政府引导基金的快速增长期。2018年，发改委出台了《关于做好政府出资产业投资基金绩效评价有关工作的通知》，开始对政府引导基金展开绩效评价，确定了以系统自动抓取已填报信息和基金管理人自主填报补充信息为主、以发改委或其委托的第三方抽查为辅的工作思路。

一、创业投资基金规模

清科私募通的研究数据显示，截至2019年10月，我国一共设立政府引导基金2024支，总目标规模为11.58万亿元，募集总金额已达到约3.8万亿元。其中，产业基金1050支，创业基金464支，PPP 141支，其他369支。产业基金的目标总规模最高，约6.51万亿元，创业基金为1.06万亿元，PPP为2.54万亿元。以产业基金和创业基金的发展为例，2014年，产业基金共设立34支，平均目标规模73.24亿元，创业基金35支，平均目标规模为4.37亿元。

第四章 创业投资引导基金发展的现状

自此两类基金发展迅速，尤其是产业基金，不管是在规模还是在数量上的增速都明显高于创业基金。2016年，共设立266只产业基金，达到历史最高；而2017年虽然数量上有所下降，但是平均目标规模达到了136.83亿元。同年创业投资基金的平均目标规模亦为历年最高，达到了122.04亿元。但是从2018年起，新设立的基金增速开始放缓。截至2019年10月份，两类基金的目标规模分别为61.73亿元和34.95亿元，为近四年内最低（详见图4—1，图4—2）。

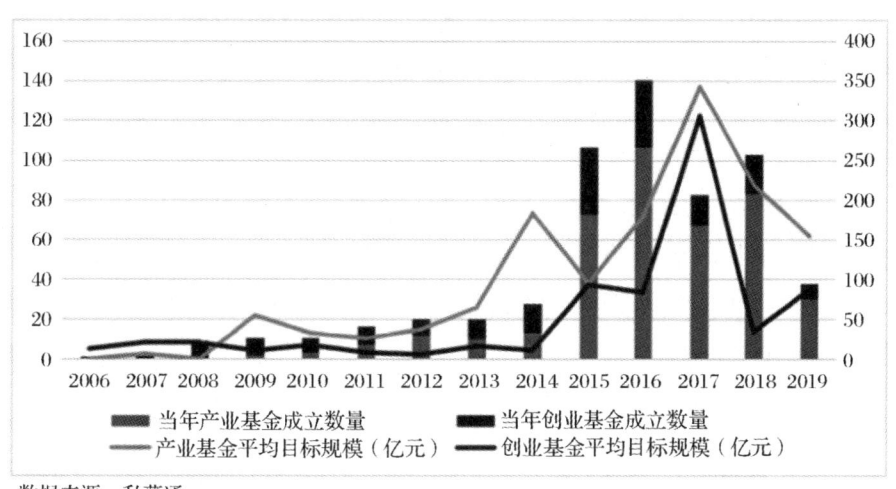

数据来源：私募通。

图4—1 历年产业基金和创业基金的设立数量和平均目标规模（单位：亿元）

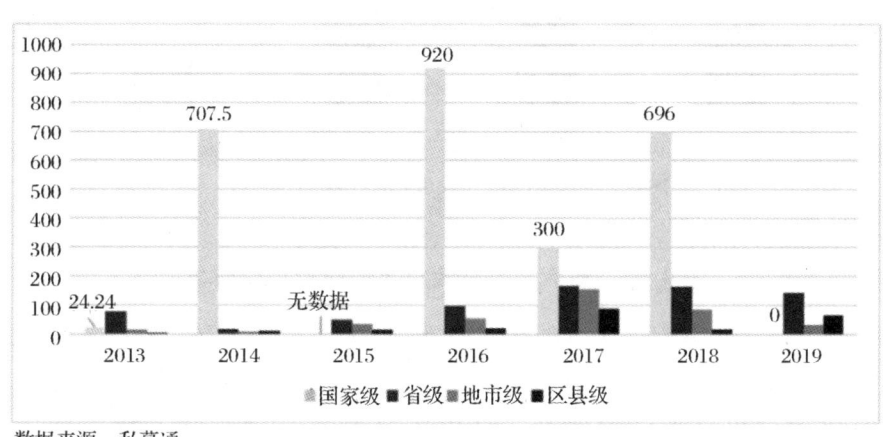

数据来源：私募通。

图4—2 历年各层级产业基金的平均目标规模（单位：亿元）

从引导基金的管理层级看，以产业基金为例，国家级的数量少（共 20 支）、规模大，尤其是 2016 年设立的 4 只基金，平均目标规模已接近千亿元。但在 2019 年已不再设立新的国家级产业基金。而省级产业基金的平均目标规模在 2017 年和 2018 年都超过了 160 亿元，地市级在 2017 年的平均目标规模与省级相当。值得注意的是，2019 年，各层级的平均目标规模均在下降，但县级产业基金却开始回弹，达到了 69.53 亿元。

从政府引导基金参与的投资项目上看，政府引导基金累计参与的投资案例数为 3346 件，总投资金额 1805.72 亿元，平均投资金额约 7200 万元。其中，获得投资金额最多的分别是电子及光电设备、能源及矿产、IT、生物技术/医疗健康和电信及增值业务，对这 5 大领域的投资累计均超过了 100 亿元，占据了所有投资金额的 60%。而投资阶段中，案例发生数最多的在扩张期和成熟期，但是平均金额却是种子期最高，达到了 1.39 亿元；其次才是成熟期，为 1.06 亿元（图 4-3）。

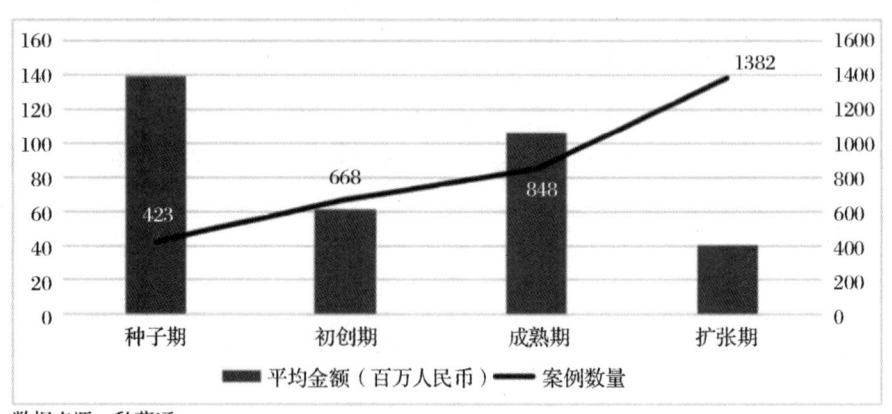

数据来源：私募通。

图 4-3 政府引导基金参与的投资项目阶段

不难发现，政府引导基金为成长型企业的发展起到了一定的推动作用，但是在 2015-2017 年的《中央预算执行和其他财政收支的审计工作报告》中，都提及了政府引导基金募资困难、资金使用效率不高、行政化干预较强的问题。例如，2015 年中央财政出资设立的政府引导基金中有30%结存未用;截至2016年成立的引导基金中只有15%的资金到位,且有超过百只基金的管理公司由政府部门直接指定,超过百只基金的近350名高管或投委会成员由政府部门直接指定或委派。

二、创业投资基金发展面临的问题

从以上数据可知,各级政府已经出资成立了数量庞大、规模各异的产业引导基金,这对于促进实体经济发展,解决中小企业融资难的问题起到了多方面的积极作用。私募股权投资基金本质上是通过发掘中小企业的高回报价值点,以直接融资的方式助力产业发展,以克服间接融资市场和信用债市场成本较高的难题。所谓的高回报价值点主要来源于企业本身所具备的高成长特性,或者由产业链重组并购所带来的价值增值。政府引导基金的兴起在客观上加速了国内私募股权投资基金行业的繁荣。

与经建类专项补助政策相比,在服从政府产业政策导向的前提下,引导基金中的财政出资将微观投资决策权交给了相对更加市场化的主体,并且事先更为明确地规定了财政资金的使用条件。政府出资方可以在一定条件下,将部分收益权让渡给市场投资方,从而起到分散中小企业融资风险的作用,也有助于提高财政资金的使用效率,并对产业政策的有效性形成市场化的反馈机制。此外,与通常的招商引资方式相比,政府出资方以合约形式相对固定了与市场主体的合作关系与合作方式,协助被投企业优化所需的中长期政策环境,从而有利于打造一个更稳定的投资环境。但是,由于各地区引导基金规模膨胀速度短期过快所带来的问题也很多。

首先是产业基金运作的规范性问题。例如,部分地区的产业引导基金在不同程度上存在财政出资名股实债,结果变相成为政府为社会资本提供隐性收益率担保等问题。在前期金融严监管的宏观形势之下,类似现象已有所改观。

其次是基金运作的效率和水平问题。一方面,对于发达地区或者省级政府所建立的引导基金而言,尽管基金的运作较为规范,高水平基金管理公司的参与踊跃，可投优质产业项目有较大市场空间，但是基金的市场化募资却因受到监管制约和经济下行的影响，普遍难以从金融市场上筹措到长期性的投资资金，这无疑限制了引导基金对于实体经济的支持效果。例如，银行在向基金提供优先级资金时，需要通过在市场上销售对应投资项目期限的非标准化产品来筹集资金，而这些长期性的非标准化产品（例如，五到十年期的大额理财产品）实际上很难销售。显然，要有效缓解此瓶颈问题，需要对私募基金业的融资渠道进行一系列的改革。

更为突出的问题是，对于欠发达地区市县政府所设立的引导基金，普遍存在基金管理公司对本地产业项目不看好，财政资金形成沉淀、对社会资金撬动效应有限的难题。对此，如果规定在一定的期限内因资金投不出去，就关闭引导基金，财政收回预算资金，那么可能导致引导基金盲目投资；如果完全不加以约束，则可能导致各地方政府脱离本地实际情况盲目设立引导基金。一种观点认为，资金沉淀问题主要是由于政府出资的行政审批环节烦琐、产业政策导向限制、本地返投比例要求较高等市场化资本运作之间的矛盾所导致的。比如，部分地方政府的投资决策偏保守，对新兴产业的较高风险难以忍受；行政审批程序和决策流程较慢，经常错过有限的投资时机。

但是，更加深层的原因可能源于目前的优质基金管理公司在运作模式上基本属于天使风险投资基金，业务的模式是寻找高回报率的股权投资项目，在培育期之后通过上市流通套现。这种业务模式本身就极大地限制了基金所可能拣选的项目范围。实际上，大部分地区的中小企业都属于传统的劳动密集型企业，不具备高科技公司的高成长特性。与此同时，国内企业上市的渠道非常狭窄，远不能满足实体经济的需要。

此外，还有一种观点认为，部分地区的引导基金之所以出现资金沉淀，是因为其所依托的基金管理公司经营管理能力有限。由于基金管理公司行业的发展时间较短，高资质的管理公司数量有限，单一公司内部的高素质团队也有限，这限制了许多地区引导基金的运作效率。然而，一味强调对基金管理公司资质的要求，会大幅缩小市场参与主体的数量，使得合规公司主要集中于金融业务较为发达的大城市。尽管这些公司的项目培育能力和资本融资能力有较强竞争力，但是却对大部分市县的本地企业状况并不熟悉。

综上所述，引导基金作为资金进实体在方式方法上的新尝试，应当容许交一定的学费，并及时吸取和总结经验教训，在发展的过程中让优秀的引导基金、优秀的普通合伙人迅速脱颖而出。与其挫伤普遍的积极性，不如重点防范胡乱投资、防范明股实债。针对不同地区政府引导基金所面临的瓶颈问题，相应的政策改革方案需要统筹考虑几方面的因素，既要着手对私募股权投资基金行业进行一定的规范和改革，也要考虑到相关改革措施与宏观政策调控体系之间的衔接，这样才能达到既定的政策目标。在实操层面，要尽可能寻找合适的普通合伙人，搭建恰当的基金框架，以事前预防为主。在产业政策导向、返投比例、收益让渡、管理费收取、目标考核、容错机制等方面，制订尽可能合乎本地经济实际情况的具体条款，逐步拓宽引导基金的投向范围，在产业链整合和债务重组等领域发挥更广泛的功效。

第五章　创业投资引导基金国外经验借鉴

第一节　国外创业投资引导基金制度的有益借鉴

发达国家或经济发展速度较快的国家，都非常重视对创业投资业发展的支持。如美国、以色列、澳大利亚等地区分别制定了SBIC、YOZMA、IIF及"政府创业投资基金"等政策性引导基金计划，通过杠杆放大效应和各具特色的组织运行模式，有效地引导民间资金进入高风险领域，扶持创业投资企业的发展，促进了中小企业的技术创新和成长。随着国内各地创业投资引导基金的快速发展，对这几种海外典型创业投资引导基金发展的经验借鉴和模式参考，将为我国创业投资引导基金的良好发展起到很好的示范作用。

一、国外创业投资引导基金实施经验

国外创业投资引导基金运行模式主要可以分为两大类：一是以美国为代表的融资担保模式；二是以以色列、澳大利亚等为代表的参股支持模式。

（一）美国的融资担保支持模式

美国是现代创业投资的发源地，也是世界上创业投资规模最大，组织化、制度化程度最高，创业投资体系最为健全、发达的国家。无论是创业投资公司数量和还是创业资本规模，美国均远远超过了世界上其他任何国家。美国小企业投资公司（SBIC）计划是在没有历史借鉴的前提下，由政府出资引导民间创业投资活动的制度创新。

美国 SBIC 计划坚持"让利于民"的原则，从而带动了私人资本投资中小企业的热潮，最终促成了美国风险资本市场的形成，确立了美国在世界风险资本市场上的领先地位，并成为世界各国竞相学习和模仿的榜样。

美国国会于 1958 年通过并颁布了《小企业投资法》，批准成立小企业投资公司（SBIC）计划，由美国小企业管理局（SBA）负责监督管理。美国推出 SBIC 计划，通过政府性基金来引导民间资金设立"小企业投资公司"这一特定意义上的创业投资基金，旨在帮助处于种子期和初创期的中小企业获得其无法从银行和民间渠道得到的权益资本和长期贷款。对于"小企业"的标准，SBA 做出了明确的界定：经过 SBA 认证的，雇佣员工小于或等于 500 人的企业，或者企业的净资产价值少于 600 万美元，或净税后收益少于 200 万美元的企业。

SBIC 运行模式是：首先对申请投资的中小企业进行严格筛选，然后采用贷款、债券或股权方式对选定的中小企业进行投资并参与投资后管理。在经过一定的投资期限后对所投资的创业企业进行价值评估，从而决定再投资还是退出寻找其他投资对象。融资通常持续 7 到 10 年。SBIC 的资金主要来源于私人资本、政府的匹配杠杆资金以及通过由 SBIC 担保发行债券和参与型证券在资本市场筹集的资金三部分。在小企业的种子期及初创期时段内，SBIC 构成了对创业投资的有益补充。

美国 SBIC 计划从 1958 年创立以来，小企业投资公司通过近 140000 个投资项目向大约 90000 家小企业提供了超过 400 亿美元的资金。SBIC 计划成功造就了硅谷的繁荣，也催生了包括英特尔、苹果电脑、联邦快递、耐克、美国在线等世界级创新企业的发展壮大。

然而，在美国 SBIC 计划的发展过程中也曾出现过严重倒退的情况，当时的主要原因一是道德危害，二是 SBIC 资金来源和资金运用结构的不匹配。因此，美国国会于 1992 年通过了《小企业股权投资促进法》，对 SBIC 计划从资金提供方式和投资对象选择门槛等方面进行了改革。首先，以政府为 SBIC 到资本市场发行长期债券提供担保,替代原先的政府直接提供短期贷款方式;其次,在资本额度、股权结构、管理人资质等方面提高了小企业投资公司的门槛。新的"小企业投资公司计划"于1994年4月25日正式实施。此后,新设立的小企业投资公司的数量迅速增长。目前,美国有4000多家创业投资公司,每年为信息技术产业、生物医药等10000多家高科技企业提供资金支持。

（二）以色列的参股支持模式

以色列创业投资业的萌芽产生于20世纪60年代,当时本国资本市场不发达,且商业银行系统不愿为中小技术企业提供融资支持。为帮助解决市场失灵问题,促进本国创业投资的发展,以色列政府于1992年出资1亿美元启动了引导基金计划——Yozma计划,同时成立了国有独资的YOZMA基金公司,旨在扶持以出口为主的以色列高科技企业的成长,为本国建立有竞争力的创业投资产业提供创业资本,同时吸引境外的创业资本基金,并向国外合伙人学习创业投资经验。

YOZMA基金运行模式是:通过参股支持,引导民间资金共设立了10家商业性创业投资基金。YOZMA基金对每家商业性创业投资基金的参股比例不超过40%。私人投资者占股比例60%以上,对每家商业性创业投资基金的参股金额均为800万美元。这10家商业性创业投资基金均采取有限合伙制,政府作为有限合伙人,在创业投资基金中没有投资决策权,以确保基金的商业化运作。政府参与的目的不是获利,而是建立市场、帮助创业企业去营利。因此,以色列政府主要采取"舍弃利益、共担风险"的政策来推进Yozma计划,具体指的是政府与投资者共担风险,却不共享收益,在创业资本基金成功运行6年后,政府将基金中的股份原价出让给其他投资者,即基金运营所得归其他投资者所有。

YOZMA基金所参股商业性创业投资基金的投资领域:以通信、IT、生命生物科学、医药技术等领域的企业投资对象,重点是基础设施和有专利技术的企业。此外,被投资企业还应具有下列特点:①具有高技术含量;②具有多元化产品流;③主要面向以色列以外的市场。被投资企业所处的创业阶段为：企业发展的所有阶段均可支持，但应以企业创业早期为主。对被投资企业的投资规模为：初始投资的额度通常是 100 万美元至 600 万美元，同时为后续投资保留一定的附加资本。

经过近 30 年的发展，YOZMA 基金已经成为政府以参股方式支持创业投资的典范，以色列也已成为世界上创业投资最发达的国家之一。YOZMA 计划的示范效应吸引了大量国外及私人投资者进入创业投资市场，使得以色列一跃成为创业投资额占 GDP 比重最高的国家和全球最活跃的创业投资市场之一。在 YOZMA 计划的推动下，以色列的高科技产业得到了迅速发展。目前，以色列是美国以外在纳斯达克上市公司数量最多的国家，甚至被誉为"第二硅谷"。以色列采取的参股引导、让利发展、引进外资的模式，对于同样受到资金和产业结构调整困扰的国家和地区特别具有借鉴意义。

（三）澳大利亚的参股支持模式

澳大利亚政府为了促进创业投资产业的发展，丰富中小型高科技企业的融资渠道，培育澳大利亚早期技术型的创业资本市场以及具有早期投资经验的创业投资家，建立商业化的研发成果，于 1997 年 3 月提出了澳大利亚创新投资基金项目（Innovation Investment Fund，简称 IIF）。IIF 基金由政府出资建立，由澳产业研究与开发委员会负责管理，政府性基金（总规模为 2.21 亿美元）以参股方式引导民间资金共同设立商业性创业投资基金。

该基金的特点与以色列 YOZMA 基金具有相似性，以"让利于民"为前提，特别突出政府的国有资本对创业投资基金的参与和支持，而不强调政府的国有资本直接对项目的支持。政府和政府控股公司退出主体的创业投资市场，只做两端，一端填补种子阶段企业的融资真空，另一端建立专门为中小型企业筹集资金的二板市场，即企业市场（Enterprisemarket），进一步为创业投资退出提供了方便之门。这样，一方面有效地放大了政府国有资本的作用，使有限的政府国有资本通过参与发起设立创业资本基金，吸引了大量社会资本参与到创业投资行业；另一方面，由于政府对国有资本介入进行合理的制度安排，并首次使公开发行成为澳大利亚创业投资的主要退出方式，完善了退出机制，有效地降低了商业性资本参与创业投资的风险，提高了商业资本的收益。

具体运行中，IIF 参股的混合基金要求被投资公司应正在执行研发成果的商业化；处于种子期、早期或扩张期；大部分雇员和高比例价值的资产在基金投资时位于澳大利亚境内；在合资设立基金的过程中，澳政府与民间资本的出资比例最高可达 2∶1，即民间资本出资 1 美元最高可获得政府 2 美元的资金配套。在基金的收益分配方面，IIF 基金和私人投资者根据比例收回实际交付的资本和利息，政府与民间资本的分配比例是 1∶9，政府让利的部分由民间资本投资者与基金管理人分享。这种交易结构设计大大降低了民间资本的投资风险，提高了其风险收益比率，从而起到了很好的示范作用。

自 1997 年运作以来，IIF 引导基金已经进行了两轮筛选，即通过竞争方式选任来自私人部门的基金管理人并颁发执照，由其管理 IIF 参与投资的混合基金。到目前为止，总计有九家基金管理人获得了牌照，分别管理 IIF 参与投资的混合基金。九只混合基金的总资本为 38505 万美元，其中引导基金投资部分为 22070 万美元，引导了私人部门的 13735 万美元投资。

二、政府创业投资引导基金运作模式的国际对比

通过对上述几个典型国家和地区创业投资引导基金运行的对比分析可以看出，各个国家或地区的具体情况有所不同，基金的运行模式也不尽相同。

（一）资金来源方面的对比

政府创业投资引导基金的资金来源作为创投行业运作基础，会因各国资本市场成熟度、政策环境和法律制度的不同有很大区别。通过对比可以发现，美国的资本市场和创业投资市场较为成熟，美国政府出台了很多优惠政策为私人资本提供了很好的法律保护，因而美国政府的创业投资引导基金中私人资本的比重比其他几个国家

占比要大；以色列则利用宽松的资本市场限制和各种优惠政策，吸引了大量的国际资本，特别是其重新审查了"禁止本国养老金和保险金投资未上市公司的规定"，放松了政策管制，成为政府创业投资引导基金的成功代表；英国的金融监管部门允许银行将其购买的BGF基金归于风险投资加权资产，此监管办法不直接扣除资本，允许银行利用杠杆工具投资BGF的项目，极大地调动了各大商业银行的投资积极性，拓宽了资金来源。比较而言，中国政府创业投资引导基金中，政府财政资金仍占主导地位，其资金来源主要有两方面，一是政府财政出资，二是地方国有投资公司的自有资金和银行贷款。政府财政出资占比较大，资本结构较为简单，资金来源相对单一，这其中的原因虽然是中国资本市场体量巨大，但是考虑到金融市场的安全性，中国政府对于国际资本和私人投资者的管控较为严格，不但限制了政府创业投资引导基金的资金来源，造成了政府财政资金的压力，也导致了引导基金的行政化程度过高，一定程度上限制了中小企业的发展。

（二）资金投向方面的对比

通常情况下，各国的政府创业投资引导基金资金会按照本国的经济发展计划，投向政府关注并有政策扶植的早期中小企业和高新技术企业，社会资本等也会选择在自己擅长的领域寻找有发展潜力的子基金与其合作。通过对比各国创业投资引导基金的资金投向可以发现，美国SBIC主要支持能够产业化和商业化的技术创新产业，资金投向范围较广，特别是在制造、通信运输和服务业三大战略领域，其投资占比高达70%以上。而以色列则更倾向于支持高新技术产业。调查发现，仅10个YOZMA基金就支持了256家初创期的高新技术企业。英国政府积极发挥政府创业投资引导基金的带动作用，重点吸引社会资本投入数字科技、生命科学、清洁技术和先进制造业等科技中小企业的同时，还在每个行业都设置了专项引导基金，对有发展前景的行业进行扶持。当前，我国政府创业投资引导基金的资金投向还相对保守，大部分资金都投向了较为成熟的医疗健康、IT服务、先进制造、人工智能等领域的中小企业，覆盖面不够广，细分领域和高风险领域的投资较少。

（三）资金退出方面的对比

政府创业投资引导基金不以营利为目的，其宗旨是扶持初创期中小企业的发展。当中小企业发展成功，能够稳定地立足于市场后，政府创业投资引导基金需要适时退出，进入下一轮投资环节，保持资本的流动性。对比各国政府创业投资引导基金的退出机制可以看到，美国SBIC退出途径较为多元化，其退出方式包括上市退出、股权转移、并购或股债相结合等；以色列政府YOZMA基金在被扶持的中小企业具备了市场生存能力后，会通过资本回购的方式退出被投资企业，既保证了收益又实现了滚动投资；英国BGF会通过同行企业或私募股权投资等收购的方式退出，有相对较高的收益空间。当前我国比较成熟的退出途径有上市、并购、回购等方式，但是上市排队周期较长，资本市场不成熟，并购、回购等产权交易方式还不够完善。

综上所述，可以形成以下几点基本共识：

第一，创业投资引导基金设立的目的是发挥政府资金杠杆作用，通过杠杆效应放大政府资金，吸引社会资本投入科技创业企业中，营造有利于本国创业投资发展的良好环境，推动创业投资业的发展，最终促进本国或本地区的科技产业发展。

第二，为确保所支持的创业投资机构按市场化的原则运营，引导基金一般不参与所支持的创业投资机构的具体投资决策，也不直接与创业企业发生联系，而是通过制定规则和参与重大决策等方式实现对投资基金的监管，引导其投向国家鼓励的领域和企业。

第三，引导基金对所支持的创业企业有一定的政策性要求，一般要求为创业期或具有高成长性的科技型创业企业。

第四，投资风险的承担上，在一国或地区创业投资发展的初期阶段，政府投资设立的引导基金往往会承担较多的投资风险；在利益分配环节，引导基金一般会对民间资本让出部分利益以激发民间资本的积极性，如制定一些税收方面的优惠政策、提高民间资本分配比例或授予期权等。

第二节　国外创业投资引导基金发展的启示和借鉴

通过对国外引导基金发展经验的总结，可以在以下几个方面给予我国引导基金发展很好的启示和借鉴。

一、投资方向问题

各个国家或地区设立创业投资引导基金的初衷都是希望促进本国或本地区的产业发展，而且往往支持高科技的成长型产业。然而，民间资本主要从项目经济性考量，这就会造成引导基金内部的利益冲突。要化解这种利益冲突，就必须设定相关的激励补偿机制，除物质方面的补偿外，还可以包括政策性的补偿。在这一方面，国外的一些政策措施给我们提供了更多的思路。如美国的 SBIC 主要是通过低利率和高配额的融资担保政策鼓励民间资本的投入，并设立类似硅谷银行的专业银行，为创业企业和创业者提供服务，或者制定针对上市公司、创业公司的税收优惠政策；以色列通过给予私人资本期权鼓励作为补偿或激励措施；澳大利亚的 IIF 通过给予民间资本 2 倍的配套资金进行鼓励等。因此，在实践中，我国应当因地制宜、因时制宜，选择合适的激励补偿措施，配合产业升级机遇和政府相关政策，更好地鼓励民间资本的参与。

二、要素比例问题

所谓要素比例，一是指国家资本与民间资本的投入比例问题，二是指两者的利润分配问题。国际上不同国家和地区的经济发展状况不同，其在引导基金要素分配的规定也存在一定的差异，而这种差异的存在可以更好地为解决我国引导基金地区发展不均衡提供借鉴。

首先从投入比例来看，国际上成功的引导基金都事先对这一比例进行了规定。例如，SBIC 规定私人资本和政府资本之间的比例一般为1∶2（对于一些私人资本不超过1500万美元的，比例还可扩大为1∶3）；IIF计划亦规定政府国有资本与私人资本的匹配比例不能超过2∶1。而我国现行的政策规定中并未明确规定政府的国有资本与社会资本之间的比例匹配问题。因此，借鉴国外的成功经验，针对不同地区特点，在引导基金设立之初对这一比例问题予以规定，可以使引导效用更加明显。

其次是利润分配方面的借鉴，有效的利润分配机制可以更好地调动社会资本参与创业投资的积极性。根据国际上的成功经验，引导基金在收益分配上大多让利于民。如以色列政府在引导基金运作中与投资者共担风险，但不共享收益，在创业资本基金成功运行6年后，政府将基金中的股份原价出让给其他投资者，即基金运营所得归其他投资者所有；澳大利亚IIF则根据比例收回实际交付的资本和利息，政府与民间资本的分配比例则是1∶9，政府让利的部分由民间资本投资者与基金管理人分享。最大程度的"让利于民"以及明确的政策规定，使得这些引导基金都取得了显著的成果，这也应该成为我国引导基金发展中所突出的重要原则之一。

三、监督管理问题

由于引导基金的定义和性质，间接性成为其本质特征，因此就存在着双重监管的现象，使得监督管理机制对于引导基金的良性发展有着重要的影响。首先是政府出资人与民间资本出资人对创投基金管理者的双重监管，其次是基金出资人与创投基金管理人对于创投企业的双重监管，这就产生了复杂的委托代理关系。经过这样的层层委托，由于信息不对称，必然加大引导基金的运营风险，特别是关系到政府国有资本的安全性问题。因此，这一关系的妥善处理是影响目前引导基金能否高效和可持续发展的重要因素。

从国际经验来看，监管体系的设置上还存在一些差异，美国和澳大利亚都是通过政府所属事业管理部门，如美国的小企业管理局（SBA）。澳大利亚依靠产业研究与开发委员会来进行监管，即直接管理模式。以色列通过成立专业的基金管理公司YOZMA进行引导基金的监督和管理，我国台湾地区则委托创业投资公司主管机构开发基金管理委员会管理，后两者则属于间接管理模式。

对比两类不同管理模式下引导基金发展情况，美国、澳大利亚属于政府主导，其政府出资规模要较后两者大，基本为社会资本的2倍以上，因而对政策性要求较高。当然其政策性目标实现效果也更好，如美国每年为信息技术产业、生物医药等10000多家高科技企业提供了资金支持。而后者的市场化程度会更高，因而带动的社会资本规模要较前者更大。以色列的杠杆效为政府的1亿美元资金带动1.5亿美元以上的私人资本，而我国台湾地区300亿新台币的引导基金带动了岛内外社会资本802.52亿新台币。因此，采用何种监管模式还需要根据各地区具体情况而定。

四、政府退出问题

创业投资的退出是创业投资成功与否的关键所在，也是创业投资引导基金可持续发展的重要环节。政府参与设立引导基金，最终是要实现退出。一个完善的退出机制，不仅需要合适的退出时机，更需要合适的退出方式。对于退出时机，国际上的创业投资引导基金存续期一般多为7～10年，与产业的成长期大致相当，而具体时机主要还是取决于所投资企业的发展状况。如美国SBIC需要经过一定的投资期限后对所投资的创业企业进行价值评估，从而决定再投资或退出。而以色列的YOZMA则在运行中给予私人投资者一项期权，私人投资者可以在投资基金成立5年内以事先确定好的较低价格购买政府在投资基金中的份额。从退出方式的选择来看，政府资本的退出往往通过转让、上市、回购等方式。澳大利亚首次使公开发行成为创业投资的主要退出方式，完善了退出机制。而以色列也积极利用海外交易市场，如美国的纳斯达克交易所完善其退出机制，并取得了非常显著的效果。目前，股权转让依然是大陆风险资本的主要退出方式。大陆虽已推出中小企业板和创业板，但作用有限。因此，为使具有不同投资偏好的投资者在不同投资阶段可以顺利实现退出，提高创业投资的运作效率，政府部门应注重发展多层次的资本市场，积极发展场外交易市场，鼓励利用海外主板或创业板市场上市，使之成为层次不同、定位不同，但相互协调发展的有机整体，而促进多层次资本市场的完善和成熟，建立一套灵活高效的风险资金退出机制是未来我国资本市场的努力目标。

第六章　科技成果转化创业投资基金基本架构——以辽宁为例

第一节　架构背景

一、背景及研究意义

科技成果转化创业投资基金是贯彻落实中央关于"十四五"科技创新部署要求的需要。习近平总书记在科学家座谈会上明确要求，财政要加大投入力度，同时要引导企业和金融机构以适当形式加大支持，鼓励社会以捐赠和建立基金等方式多渠道投入，扩大资金来源。国家已经由科技部发起的转化基金，采取母子基金方式鼓励行业或地区建立转化基金。高成长型科技企业资金来源严重不足，转化基金是短板之一。科技成果转化工作与发达国家水平和我国经济社会发展需求相比还有很大差距，特别是利用财政资金形成的科技成果没有充分发挥出应有的作用。融资难是制约科技成果转化的首要因素，社会各界迫切希望政府着手营造促进科技成果转化的投融资环境，建立在财政投入引导下，带动全社会投入的多元化、多层次、多渠道的科技成果转化投融资体系。设立转化基金符合政府的职能定位，可以作为解决制约科技成果转化问题的突破口，加快推动科技成果向现实生产力转化。

第一，设立科技成果转化创业投资基金是遵循科技成果转化内在规律的需要。科技成果转化为现实生产力是科技创新的关键环节，是"最后一公里"的瓶颈问题。科技成果转化需要政府结合产业链布局，梳理创新链、人才链、资金链，推动建立政、产、学、研、用相结合的科技成果转化机制，其中资金问题特别突出。成果中试、成果在企业承接消化等等，都需要大量的资金作为有力支撑，科技成果转化创业投资基金的孵化和赋能必不可少。由国家科技成果转化创业投资基金投资的寒武纪、奇安信等科创板企业是重要证明，美国纳斯达克企业也有许多成功案例。

第二，设立科技成果转化创业投资基金是打造科技服务业、构建创新生态服务体系的需要。北京等地的经验表明，创业投资、风险投资对于科技成果转化起到了非常好的支撑作用。成果转化基金相比于产业引导基金投资风险大，民间资本需要政府引导和带头，推动资金向科技型企业集聚。设立转化基金，有利于调整政府科技资金调入方向，带动民间资本进入基金，进而扩大基金。同时，转化基金的运营会成为市场风向标，"领投效应"会带来大量跟投。解决好科技型企业融资难、融资贵的问题，避免或少出现许多企业是国外资金支持发展起来的情况。

第三，设立科技转化基金是贯彻落实中央关于"十四五"科技创新部署要求的需要。截至2020年7月，全国创业投资基金9054只（不到股权基金30%），规模1.4万亿（不到股权基金16%）。说明市场资金更关注稳定经营的大型企业，支持中小微科技企业。高成长型科技企业资金来源严重不足，转化基金是短板之一。

第四，设立科技成果转化创业投资基金是打造精准服务科技成果转化资金撒手锏的需要。转化基金主要聚焦技术创新，聚焦成果转化，强调从国家、省、市及高校院所、科研单位已支持研发的科技项目取得成果入手，目标选择精准，技术评价精准，使项目成果最快转化。强调从行业科技趋势出发，依托科技部门掌握的科技优势，对新技术、新业态、新消费、新开放、新服务等战略性新兴产业加以扶持，放大科技支撑作用。

第五，设立科技转化基金是解决辽宁加快科技创新最大短板的需要。辽宁科教资源比较丰富，科技成果产出丰硕，但科技成果转化不畅。本省院校在辽宁转化率始终在50%左右,中央所属院所在辽宁转化率不足20%。其原因就是没有针对这些成果建立专门的转化服务的市场化机制。合作企业选取和对应的允许失败的种子资金、风险资金没有同步跟进,还处于"政府介绍对象、成果自己找对象"的阶段,而不是类似转化基金这样的专业机构按市场化方式"选对象"。辽宁现有私募基金管理人74家,管理基金125只,86亿元,50%以上为证券投资基金,股权投资的产业引导基金也占很大比重,鲜有创业投资基金,特别是专门的科技成果转化创业投资基金,这是急需解决的问题。

二、研究思路、内容及方法

本书以更加精准更加有效服务科技成果就地就近就快转化为目标,尝试搭建由政府发起、市场化、专业化运作的科技成果转化创业投资基金的基本架构,提出切实可行的资金投入机制。通过建立富有成果转化特色的投资运营机制,形成一个可供各级政府决策参考的解决方案。主要研究内容如下:

(1) 认真梳理国家和省关于创业投资引导基金方面的法律法规、政策和行政管理措施,明确合法合规范围,充分运用政策,避免监管禁止行为。

(2) 充分调研国内外创业投资基金的好经验、好做法,收集相关政策文件和具体创业投资基金案例,提炼典型性、代表性投资项目的投资运作模式,形成供辽宁借鉴的政策建议。

(3) 认真分析科技成果转化工作中存在的现实问题,通过访谈成果供给方、需求方掌握供求不衔接的难点,为提出辽宁科技成果转化创业投资基金构建方案提供实证基础。

(4) 形成可供各级政府决策参考的解决方案。

研究方法如下:

(1) 比较研究法。笔者将国外发达国家发展创业投资引导基金的成功经验进行比较,根据辽宁省的发展实际进行研究。

(2) 文献研究法。通过阅读大量文献,比如关于目前发展引导基金过程中出台的政策文件及法规、研究报告等，获得了关于引导基金的基本情况。整合并分析了引导基金的有关数据，通过阅读大量的外文文献，了解国外发达国家成功发展创业投资引导基金的先进经验等。

（3）分析归纳法。结合目前科技成果转化创业投资基金发展的现状，提出适合辽宁省省情的科技成果转化创业投资基金运营管理模式。

科技成果转化创业投资基金是一项有意义且富有挑战性的工作，目前仍有很多理论和现实问题亟待进一步研究和解决。在今后的研究工作中，笔者将就本领域的这些问题进行进一步深入研究和探索，为科技成果转化创业投资基金建设与发展以及社会经济的稳定和可持续发展贡献更多的智慧。

第二节 科技成果转化创业投资基金的概念、特点及作用

一、科技成果转化基金

为贯彻落实《国家中长期科学和技术发展规划纲要（2006—2020年）》，加速推动科技成果转化与应用，引导社会力量和地方政府加大科技成果转化投入，科技部、财政部设立国家科技成果转化引导基金，充分发挥财政资金的杠杆和引导作用，创新财政科技投入方式，带动金融资本和民间投资向科技成果转化集聚，进一步完善多元化、多层次、多渠道的科技投融资体系。

国家科技成果转化基金遵循"引导性、间接性、非营利性、市场化"原则，主要用于支持转化利用财政资金形成的科技成果，包括国家（行业、部门）科技计划（专项、项目）、地方科技计划（专项、项目）及其他由事业单位产生的新技术、新产品、新工艺、新材料、新装置及其系统等。引导性是指引导社会资本投向利用财政

资金支持形成的科技成果。间接性是指不直接投资项目,而是采用设立创业投资子基金、贷款风险补偿和绩效奖励等间接方式。非营利性是指不以营利为目的,并以让利、奖励等机制调动社会资本参与转化基金的积极性。市场化是指转化基金注重政府引导和市场化运作相结合,不参与子基金的日常管理。

国家科技成果转化基金支持科技成果转化的方式包括:设立创业投资子基金、贷款风险补偿和绩效奖励等。设立创业投资子基金是指转化基金与符合条件的投资机构共同设立创业投资子基金,为转化科技成果的企业提供股权投资。贷款风险补偿是指转化基金对合作银行发放的符合规定条件和程序的科技成果转化贷款,给予一定的风险补偿。绩效奖励是指转化基金对于为转化科技成果做出突出贡献的企业、科研机构、高等院校和科技中介服务机构,给予资金奖励。

同时,科技部、财政部还按照"统筹规划、分层管理、开放共享、动态调整"的原则,建立国家科技成果转化项目库,库中的科技成果摘要信息,除涉及国家安全、重大社会公共利益和商业秘密外,向社会公开,为与国家科技成果转化基金合作的创业投资机构、银行以及社会各界的参与者提供信息支持。

二、科技成果转化创业投资基金

科技成果转化创业投资基金是指国家科技成果转化引导基金与符合条件的投资机构共同设立创业投资子基金,为转化科技成果的企业提供股权投资。科技成果转化创业投资基金是集融资、投资、资本运营、企业管理四位一体的系统工程。从制度设计上看,子基金是一个由既互相依赖又存在冲突的多方组成的联盟,主要包括政府(主管部门)、社会投资方、子基金的管理方(创业投资机构)三方。三方在目标上不尽相同,在子基金运作过程中又不可避免地存在信息不对称的现象,从而引发逆向选择和道德风险问题。这些问题如果不能得到解决,很容易造成科技成果转化创业投资子基金的低效率和无效,不能实现其预期目标。所以,需要在基金运作过程中对其实施的效果进行动态控制，引入动态管理机制。

科技成果转化基金通过设立子基金、贷款补贴和绩效奖励三种方式来实现促进科技成果转化的目标。科技成果转化引导基金按照政府引导、市场运作、不以营利为目的的原则设立子基金。设立方式包括与民间资本、地方政府资金以及其他投资者共同设立，或对已有创业投资基金增资设立等。子基金的设立一方面要考虑扶持创业投资企业发展，一方面还要考虑国家战略。在运作过程中，既关注经济效益的实现，又要完成政策性计划。子基金的本质带有纠偏性质，是对市场配置失效纠正的重要措施。子基金发挥其杠杆放大效应和纠偏作用，引导资本向国家重点行业发展，发挥市场不能发挥的政策性引导作用。通过对科技成果的转化，带动国家战略行业的兴起，是子基金的重要目标。现阶段，科技部已经制定了子基金和贷款补贴的具体办法，绩效奖励的方案尚未出台。从三种方式来看，设立子基金的社会影响力和管理的复杂程度最高。

三、科技成果转化创业投资基金政策沿革分析

2011年，为贯彻落实《国家中长期科学和技术发展规划纲要（2006—2020）》，加速推动科技成果转化与应用，引导社会力量和地方政府加大科技成果转化投入，中央财政设立国家科技成果转化引导基金。为规范转化基金管理，财政部、科技部共同制定了《国家科技成果转化引导基金管理暂行办法》。转化基金于2014年年底启动运作，根据转化基金网站公示的信息显示，转化基金运作已累计批准拟设立创投子基金36只，转化基金出资148.52亿元，拟设立的子基金总规模达624.29942亿元。2021年11月，转化基金公示2021年拟设立的6只子基金，其中规模最大的子基金——国投（广东）科技成果转化创业投资基金合伙企业规模达150亿元，国家科技成果转化基金出资30亿元。2021年11月，财政部、科技部修订了关于《国家科技成果转化引导基金管理暂行办法》（以下简称《办法》）。

从内容来看，这些政策对国家科技成果转化引导基金的资金来源、作用、投资方向、支持方式（包括设立创业投资子基金）、退

出、风险管理、子基金的管理等进行了全面规范，从而有序引导社会力量和地方政府加大对科技成果转化的投入。与2011年发布的管理办法相比，新修订的管理办法主要有以下四个方面的变化：

（1）调整了转化基金的支持方式，突出以创投子基金方式支持科技成果转化。在2011版的《办法》中，转化基金的支持方式包括设立创业投资子基金、贷款风险补偿和绩效奖励等，而最新修订的《办法》删除了贷款风险补偿和绩效奖励两种支持方式。转化基金自2014年开始投入实质运作，运作至今，我们可以看到在创投子基金设立方面取得了突出的成绩，以100多亿元的出资，成功带动设立600多亿元的科技成果转化子基金，为科技成果转化注入了活水。此次《办法》的修订，也意味着财政资金越来越多地以有偿方式替代无偿方式，更多地以市场化方式支持科技创新。

（2）鼓励创新创业龙头载体参与设立子基金。在2011版的《办法》中，转化基金与符合条件的投资机构共同发起设立创业投资子基金（以下简称子基金），为转化科技成果的企业提供股权。投资鼓励地方创业投资引导型基金参与发起设立子基金。在新修订的《办法》中，增加了鼓励符合条件的创新创业载体参与设立子基金，加强投资和孵化协同，促进科技成果转化。

今年以来，各地政府投资基金发展的一个突出特点是，各地都开始重视设立天使投资基金，重视孵化器的建设。比如，深圳天使母基金明确规定鼓励国内外知名高等院校、科研院所、重点实验室等技术源头单位、国际知名的技术转移机构及国家级科技企业孵化器等科技成果转化机构可以作为申请机构申请设立子基金。新修订的《办法》中，明确提出鼓励创新创业载体参与设立子基金，这意味着转化基金支持技术研发中心、孵化器、大学研究机构参与设立子基金。转化基金将通过引导社会资本和创新创业载体的融合，加快科技成果转化。

（3）转化基金进一步加强对子基金投资科技成果的要求，提出基金总额50%的资金投向利用财政资金形成科技成果的企业。在2011版的《办法》中要求："子基金应以不低于转化基金出资额三倍的资金投资于转化成果库中科技成果的企业，其投资方向应符合国家重点支持的高新技术领域。"新修订的《办法》要求："子基金应以不低于转化基金出资额三倍且不低于子基金总额50%的资金投资于转化利用财政资金形成科技成果的企业。其他投资方向应符合国家重点支持的高新技术领域。"近两年，转化基金公示信息显示，转化基金批准的拟设立子基金规模越来越大。为了更有效地引导社会资本投资科技成果转化项目，转化基金提出了不低于子基金总额50%的投资要求。

（4）引进理事会作为投资决策流程的一个环节，进一步提高转化基金的市场化投资决策水平。在2011版《办法》中，科技部、财政部组织成立转化基金专家咨询委员会，为转化基金提供咨询。咨询委员由科技、管理、法律、金融、投资、财务等领域的专家担任。在新修订的2021版《办法》中，将"转化基金专家咨询委员会"调整为"转化基金理事会"，成员由科技、财务、法律、金融、投资等领域的专家组成，为转化基金提供咨询。同时2021版《办法》进一步详细规定了理事会的成员构成、人数、任期、决策方式以及任务。从《办法》的规定来看，这也意味着理事会决策将成为转化基金投资决策流程中的一个环节，而且通过对理事成员的构成、任期、人数以及决策方式等规定的细化，也使转化基金的运作进一步市场化。

四、科技成果转化创业投资基金的主要特点

（一）非营利的政策性基金

科技成果转化基金创业投资基金是由政府设立并按市场化方式运作的政策性基金，主要扶持创业投资企业发展，引导社会资金进入创业投资领域。科技成果转化基金创业投资基金不属于经营性国有资产，是承担政府职能的公共资金。科技成果转化基金创业投资基金不与市场争利，通过一定的让利机制，发挥财政基金的放大作用，引导社会资金进入政府希望引导和扶持的领域，促进创业投资企业的发展，引导创业投资企业增加对种子期、初创期等创业早期企业的投资。

（二）运作参照市场化的原则

科技成果转化基金创业投资基金的市场化主要体现在科技成果转化基金创业投资基金是按照有偿方式运作，而非通过拨款、贴息或风险补贴式的无偿方式运作。科技成果转化基金创业投资基金是政府公共财政政策上的一种制度创新，是一种投资领域中公私合营的模式。通常在运作中，科技成果转化基金创业投资基金会和商业性创业投资企业的合作进行，政府一般不直接参与具体的投资管理，以避免国有资本直接参与创业投资带来种种弊端。

（三）体现财政资金的杠杆作用

科技成果转化基金创业投资基金运用了经济学中的杠杆原理，从本质上说都是因为某种原因而产生一种"放大作用"，由一个较小的量引出一个较大的量，用较少的投入获得较大的产出。科技成果转化基金创业投资基金正是通过少量的政府资本来撬动巨大的民间资本，增加创业投资的资金供给，改变创业投资资金来源单一、政府资金占主要的状况，调动民间基金、外资、保险、银行等作为投资主体，共同发起设立多元投资主体的创业投资企业，形成国有资本、境内民间资本、海外资本共同参与的多元化格局。由政府引导并出资参与、引进民间创投机构资本和管理，吸收民营资本入股的创投模式正在成为国内创业投资发展的重要方向。通过这种方式吸引更多沉淀在民间的资本跟进，实现财政资金的杠杠放大效应，能极大地激发某一区域的经济活力。

（四）投资的导向性作用明显

科技成果转化基金创业投资基金的设立，首先是符合国家战略发展需求的，一方面增加创业投资资本供给量，另一方面引导科技成果转化基金创业投资资本流向战略性产业，扶持国家战略性新兴产业和其他重要产业的发展。科技成果转化基金创业投资基金本身不直接从事创业投资业务。它旨在增加创业投资资本的供给，克服单纯通过市场配置创业投资资本的市场失灵问题。特别是通过鼓励创业投资企业投资处于种子期、起步期等创业早期的企业，弥补一般创业投资企业主要投资于成长期、成熟期和重建企业的不足。科技成果转化基金创业投资基金所扶持的创业投资企业应主要投向符合国家产业政策、高新技术产业化、具有良好产业前景的新兴产业，如新能源产业、先进制造业、循环经济、生物制药等。

五、科技成果转化创业投资基金的作用

(一) 优化市场资源配置，助推产业转型升级

科技成果转化基金创业投资基金设立的主要目的是通过引导社保资金、金融机构、大型企业等社会资本投资创新型企业和战略性新兴产业，降低完全依靠市场力量配置资源导致的"市场失灵"影响度，推动产业结构加快转型升级。目前，风险投资偏好投向周期短、见效快的中后期项目，对新能源、生物医药和节能环保等风险大、周期长的早期项目关注和投资较少。同时，中小科技型项目经营模式一般以"轻资产"为主，缺少有形资产，不符合商业银行审慎经营的模式，更无法满足较高的贷款门槛，难以获得资金。科技成果转化基金创业投资基金以政府较高的信誉作为强大的后盾，可以有效吸引和聚集社会上大量的闲置资金，优化社会资金配置方式，鼓励和引导资金投向政府重点支持的产业方向。

(二) 有效汇集社会资本，加大产业支持力度

目前，中国的有限合伙人（简称"LP"）主要由社保、金融机构、上市公司以及高净值人士等组成，还处于初级发展阶段。科技成果转化基金创业投资基金的设立不仅本身可以壮大LP规模，同时也能够很好地扩充LP资源，有效扩大创业资本的供给，解决创业资本的资金来源问题。科技成果转化基金创业投资基金凭借政府信用和让利机制的优势，降低民间资本的风险，提高民间资本偏好，吸引社会资本和个人投资者积极参与到创业投资和产业投资领域，加快促进高新创业中小企业的发展速度。

(三) 转变政府职能，提高财政资金使用效率

政府专项补助资金一般对补助领域、产业投资方向等项目因素进行评判，不考虑企业资本结构、偿债能力等经济方面因素。政府只在审批环节和验收环节介入，使用环节缺少监管。同时由于政府

相关考评部门的非专业性，使得财政资金发挥的作用不尽如人意，造成财政资金使用绩效较低。科技成果转化基金创业投资基金择优投资的模式代替财政专项资金补助的方式，改补为投，可以较好地转变政府服务职能，使政府角色从评判者变为投资者。作为投资者，科技成果转化基金创业投资基金将获得国家法律法规赋予的各项投资者权利和义务，并通过委托专业的市场化基金管理人运作管理，能够有效提高财政资金使用效率，完成政府资金的引导计划。

（四）提高企业融资能力，促进实体经济发展

在目前资金荒的背景下，大量中小型民营企业尤其是科技型创新企业缺少有效的抵押品，难以获得银行资金，而民间贷款成本又较高，因而融资渠道较少，融资能力较差。科技成果转化基金创业投资基金对企业进行股权投资，通过直接融资的模式解决了企业资金需求，降低间接债务融资的比例，还增加了企业所有者权益占比，有效改善企业资本结构。股权融资无需定期还本付息，更为适合初创型企业在发展前期现金流较少、暂时亏损的状况。

第三节　科技成果转化创业投资基金的现状及易发生的风险

一、科技成果转化创业投资基金的发展现状

从国家科技成果转化引导基金官网数据来看，自 2015 年至今，国家科技成果转化引导基金下设的创业投资子基金有 36 只（含已退出基金）。

从年度数量分布来看，自 2015 年以来，促进科技成果转移转化是实施创新驱动发展战略的重要任务，是科技创新支撑供给侧结构性改革的关键环节。我国科技成果转化引导基金成立于 2014 年，2015 年设立了第一批 3 个创业投资子基金，2016 年 6 个，2017 年 5 个，2017 年 5 个，2018 年 7 个，2019 年 9 个，2020 年 0 个，2021

年 6 个。从地区数量分布来看，全国共有 17 个省份设立创业投资基金。上海创业投资基金设立数量最多，为 5 个；其次是北京（4个），再次是江苏省、广东省、湖南省等省。从创业投资基金规模来看，这些子基金的总规模以及转化基金拟投入的金额各不相同。这 36 只子基金的规模合计 624.30 亿元，其中只有两只在 100 亿元（包括）以上，其他均在 100 亿元以下。100 亿元以下的，只有一只的规模达 35.18 亿元，其他均在 30 亿元以下。对总规模为 30 亿元以下的子基金以 5 亿元的等差进行划分，统计发现以 5 亿到 10 亿元之间分布的最多（见表 6-1）。

表 6-1　　创业投资子基金总规模区间分布情况

创业投资子基金总规模（单位：亿元）	数量（单位：只）
5 亿元以下	9
大于等于 5 亿元小于 10 亿元	10
大于等于 10 亿元小于 15 亿元	5
大于等于 15 亿元小于 20 亿元	2
大于等于 29 亿元小于 25 亿元	5
大于等于 25 亿元小于 30 亿元	2
大于等于 30 亿元小于 100 亿元	1
大于等于 100 亿元	2
总计	36

从国家科技成果转化引导基金对这 36 只创业投资子基金的出资额度看，其中，94% 以上的基金投资额在 10 亿元以下，只有两只在 10 亿元以上，分别是对国投（广东）科技成果转化创业投资基金合伙企业（有限合伙），出资额度为 30 亿元；对国投（上海）科技成果转化创业投资基金企业（有限合伙），出资额度为 20 亿元。具体对 10 亿元以下出资额的子基金以等差 1 亿元为递增额度进行统计，发现国家科技成果转化引导基金对各地创业投资子基金的出资额度以 1 亿到 2 亿元相对居多。整体计算，国家科技成果

第六章 科技成果转化创业投资基金基本架构——以辽宁为例

转化引导基金对 36 只创业投资子基金合计出资 148.55 亿元，见表 6－2。

表 6－2　　　　国家科技成果转化基金拟出资规模

国家科技成果转化基金拟出资金额（亿元）	数量（单位：只）
1 亿元以下	7
大于等于 1 亿元小于 2 亿元	8
大于等于 2 亿元小于 3 亿元	6
大于等于 3 亿元小于 4 亿元	3
大于等于 4 亿元小于 5 亿元	3
大于等于 5 亿元小于 6 亿元	3
大于等于 6 亿元小于 7 亿元	1
大于等于 7 亿元小于 8 亿元	1
大于等于 8 亿元小于 9 亿元	1
大于等于 9 亿元小于 10 亿元	1
大于等于 10 亿元	2
合计	36

从投资赛道看，这 36 只创业投资子基金的主要投资方向均符合国家科技成果转化引导基金对创业投资子基金的相关规定，即投资赛道主要集中在各地区新一代信息技术、生物技术、新材料、新能源、节能环保等符合国家产业政策和需求的战略性新兴行业领域，其中以信息技术、先进制造和生物医药分布最多，具体见表 6－3。

表6－3 国家科技成果转化创业投资子基金投资方向

行业分布	数量	行业分布	数量
信息技术	18个	医疗健康	3个
先进制造	17个	医疗服务	1个
生物医药	16个	能源环保	1个
新材料	11个	能源和生物医药	1个
节能环保	8个	新材料绿色技术领域	1个
电子信息	7个	医疗器械和生命科学	1个
新能源	2个	高技术服务	1个
新型医疗器械和医疗信息化	1个	高端装备	1个
新兴产业类及科技成果转化类项目	1个	消费与生命健康	1个
新能源汽车及相关产业	1个	材料	1个
航空航天	1个	现代服务业	1个

从国家科技成果转化基金退出情况来看，国家科技成果转化引导基金已经转让退出了6只创业投资子基金，见表6－4。

表6－4 国家科技成果转化引导基金退出创业投资子基金实践

设立年份	名称	子基金总规模（亿元）	转化基金出资金额（亿元）	拟管理机构	退出公告时间
2018年	陕西科控融通助业创业投资管理合伙企业（有限合伙）	7.14	1.80	陕西科控启元创业投资管理合伙企业（有限合伙）	2021年2月

第六章 科技成果转化创业投资基金基本架构——以辽宁为例

续表

设立年份	名称	子基金总规模（亿元）	转化基金出资金额（亿元）	拟管理机构	退出公告时间
2017年	江苏毅达成果创新创业投资基金（有限合伙）	10.00	2.00	江苏毅达股权投资基金管理有限公司	2021年12月
2015年	北京君联成业股权投资合伙企业（有限合伙）	17.00	5.00	北京君联同道投资顾问合伙企业（有限合伙）	2021年2月
2015年	北京国科瑞华战略性新兴产业投资基金（有限合伙）	22.16	4.50	中国科技产业投资管理有限公司	2021年12月
2017年	上海绿色技术创业投资中心（有限合伙）	35.18	9.00	上海双创投资管理有限公司	2021年2月
2016年	国投（上海）科技成果转化创业投资基金企业（有限合伙）	100.00	20.00	国投（上海）创业投资管理有限公司	2022年1月

综上所述，国家科技成果转化引导基金作为政府引导基金，可充分发挥财政资金的杠杆和引导作用，进而用资本的力量助推科技创新，带动资本向科技成果转化集聚。虽然目前创业投资子基金并

未遍布全国各地区，但随着政策的完善、推动以及市场的需求，未来将会有更多金融机构、创业投资机构和地方与国家科技成果转化引导基金形成合力，推动科技成果的资本化、产业化，实现"最后一公里"的完美衔接。

二、科技成果转化创业投资基金易发生的风险

（一）信息不对称带来的逆向选择和道德风险

创业投资是一个复杂的过程，科技成果转化创业投资基金从选择管理人员、合作对象和投资项目，到资本退出，再到另一个项目的新一轮投资是一个不断循环的过程。只要能够保证资本的保值微利，循环就会继续下去。在这一过程中，相关人员之间信息不对称现象尤其突出，而且越是处于早期的创业企业，与企业和项目相关的信息不对称问题就越严重。

一方面，政府将科技成果转化创业投资基金交给相关人员进行日常管理和投资组合运作，由于信息不对称，政府开始就不能完全掌握关于基金管理人员真实经营能力和努力水平的信息。同时，管理人员有时候会出于利己的考虑，故意隐瞒对自己不利的信息，而政府又不可能对每个管理人员进行密切监视，在基金的日常管理中无法收集到更多的信息。另一方面，科技成果转化创业投资基金管理人员对投资项目的了解相对于创业企业家也处于信息的劣势地位。事前，尽管企业家提供了经营业绩、技术信息、商业计划书等与创业项目相关的信息，但只能对创业企业的发展前景进行大致的预测，而且创业企业家"自治"的心理，使其不愿意及时与他人分享全部信息，比如企业产品中涉及的知识产权核心信息。事中，由于科技成果转化创业投资基金不直接投资创业企业，更不可能监视每一个投资项目，其所能获得的信息都是经过创业企业家和合作机构管理人员过滤的，必定不完整。

根据不对称信息发生的时间不同，可能产生逆向选择和道德风险问题。逆向选择是指在交易发生前，做出选择的一方由于信息掌握不充分或只能根据平均水平进行选择时，往往在其可选范围内将

第六章 科技成果转化创业投资基金基本架构——以辽宁为例

较优质的对象排除在外,而选择了较一般的。阿克洛夫(1970)的柠檬市场模型(lemonmodel)最先解释了逆向选择问题,逆向选择会降低市场配置的效率。引导基金在创业投资中处于信息的劣势地位,事先对创业投资团队的专业管理水平,是否诚实守信等不可能完全了解和把握。创业投资机构为筹集到更多的资本,也会夸大自己的经营业绩和诚信品德,而隐瞒自身能力不足、投资项目选择不当及道德缺陷等信息。由于信息的不对称,政府很可能选择的创业投资人不是和自身要求最匹配的,从而产生逆向选择问题,使交易不能达到帕累托最优。另外,引导基金在政策范围内选择创业企业时,会因为创业企业对不利信息的刻意隐瞒和对自身的过度粉饰等,而把那些较好的创业项目排除在外,反而支持那些市场前景不太乐观的创业企业。道德风险是指在交易发生后,有信息优势的一方给另一方带来的事后风险。在实际运作中,子基金以获取高收益、规避风险为目的进行决策。基金管理团队会倾向于按照自身的商业性投资策略进行投资管理,创业企业家也想获得更多资本的持续支持,这样就可能会违背引导基金的政策方向。他们会主动隐瞒一些偏离政策要求的项目相关信息,甚至出现"败德"行为,使引导基金面临道德风险。

(二)委托代理问题

传统商业性创业投资通常只存在"出资人—创业投资人—创业企业家"这一双层委托代理关系。而科技成果转化创业投资基金运作中,将从一个单向的双层委托代理关系转变为一个复合的委托代理链,即"出资人(政府+社会投资者+创业投资机构)—科技成果转化创业投资基金管理部门—创业投资人—创业企业家"这一委托代理链,因而引导基金运作中委托代理问题更为严重。首先,在科技成果转化创业投资基金与职能部门的工作人员、子基金管理人、创业企业家之间,科技成果转化创业投资基金职能部门的相关人员是信息的弱势群体,且其自身存在的利己性选择,容易使政府利益受到损失。其次,负责投资决策的子基金管理人通常具有创投项目未来价值的信息优势,可能与被投资企业管理层合谋,利用其掌握的信息优势抵报项目收益;也可能单纯追求商业利益,忽略被投资企业发展,这都会损害政府利益。最后,引导基金的委托代理链太长,需要支付多重委托管理费,代理成本过大。

(三)退出机制不完善

退出机制是引导基金持续正常运转的必要条件,目前还没有形成完善的退出机制,大部分的引导基金也没有严格的退出程序。首先,资本市场退出机制不健全。创业资本的退出渠道包括证券市场上市、由创业投资企业回购、在产权交易市场出售所持有的股份等。一方面,主板及中小板市场上市门槛较高,创业板面世也才几年,且上市审核周期较长,远不能满足创业投资的退出需求;另一方面,许多高新技术企业产权关系模糊,且产权交易市场制度不完善,使创业投资基金不能自由转让产权以及时退出。其次,从引导基金自身来看,政府常常为了经济利益不愿从已成熟的项目中退出,从而产生"挤出效应",背离了政府的"引导"本质,或者是不知道及时退出,严重降低了政府资本的使用效率。

(四)缺乏对引导基金操作主体的绩效考核机制

引导基金政策效果的实现与建立引导基金各参与方的绩效考核体系有很大相关性。只有对创业投资引导基金效益运用可量化、数据化、标准化的评价标准进行评估和测算,引导基金的政策效果才能更好发挥,也促使基金的投资方向更加合理。由于引导基金不同于传统的国有产权,其不以营利为目的的特性导致政府针对引导基金的绩效考核评价体系至今并未得到有效落实。目前,各级政府尚未根据引导基金特性建立完整科学的绩效考核体系,即便实行了绩效考核,相关评价工作也较为笼统,对于如何考核的具体标准并没有给出具体细则,因而也未能通过绩效评价对引导基金和子基金管理机构起到激励和督促的作用。

另外,引导基金投资的后续监管及信息披露制度也不完善。对合作的社会创业投资机构、子基金的投资组合、引导基金投资账面回报和退出方式设计以及被投资企业发展情况和财务运行状况等信息的披露非常匮乏。引导基金对于子基金的运营和投资情况的公示力度非常有限,监管的缺失和信息披露的不完善也将大大降低引导基金效率和竞争力。

(五)平衡政策性目标和商业性目标差异的措施不完善

在子基金的运作模式下,子基金的受托方管理机构同时承担着引导基金和社会资本的委托任务。从政府角度来说,设立创业引导基金的主要目标是支持创业企业发展以推进产业结构升级和经济转型,获取投资收益并不是政府参与创业投资的主要目的;而社会资本参与创业投资的目的则是确保顺利退出从而实现投资收益最大化,其更倾向于投资风险较小且发展前景广阔的行业。我国大部分地区的地方政府引导基金都由地方财政出资成立,它们在选择创业投资机构合作时,出于地方政府的政策性目标的考虑,都普遍会要求子基金注册在本地区并将一定比例(通常大于70%)资金投资于当地的特定行业或者产业。投资范围的限制也会间接增加投资的风险,降低了社会资本与引导基金合作的意愿。

双方目标的差异造成的结果是当地的产业结构和创业项目由于风险过大可能不被投资机构看好,从而导致引导基金无法与最优秀的子基金管理机构合作,也就无法吸引到更多的社会资本。现阶段,各级政府引导基金管理办法中,针对平衡政策性和商业性目标差异的措施尚不完善,这也将给引导基金政策效果的实现带来不利影响。

第四节　创业投资引导基金的产生、运作和成效的经验借鉴

一、美国 SBIC 基金

(一)美国 SBIC 基金的产生

创业风险引导投资发源于美国。至今,美国的创业风险引导基金已经经历了70多年的发展,成为全球创业风险投资最成熟的市场,引起各国的争相效仿。小企业投资公司(SmallBusinessInvestmentCompany,

SBIC）是美国小企业局（SmallBusinessAdministration，SBA）在20世纪60年代设立的旨在扶持美国中小企业发展的基金计划，为美国的创业发展和产业升级作出了巨大贡献。

（二）美国 SBIC 基金的运作

1. SBIC 申请模式

主要由 SBA 负责严格筛选申请的中小企业。申请 SBIC 计划的中小企业通过标准模式、下拉模式和并排模式成立基金向 SBA 提交申请，进行行政审查之后，SBA 对中小企业发展情况进行评估，构架债权和股权融资比例，并对后期的投资方向和风险进行定期评估，确保政策引导作用。

2. SBIC 组织模式

SBIC 的组织模式较为自由，实践中多是采用公司制和有限合伙制度。这样一方面有利于政府监管和市场化运作结合，既保证政府政策的引导效应，又保障了引导基金的活力；另一方面有利于满足各方利益诉求，明确定位形成合力，保证基金的长期运行。

3. SBIC 运营模式

一是从资金来源上看，SBIC 计划下中小企业的资金来源主要是民间社会资本和 SBA 通过担保提供的资本，其中通过担保得到的资本一般占比 50% 左右。担保的模式有担保债券和参与证券两种模式，分别有 3 倍和 2 倍的杠杆放大效益。二是从投资行为上看，SBIC 计划设立了正面和负面两个清单。根据每年的投资需求，一方面通过正面清单鼓励中小企业进入政府重点发展的高新技术产业，另一方面通过负面清单限制 SBIC 基金投向房地产、金融机构。三是从运营周期上看，SBIC 计划下的基金在得到 SBA 授予的牌照之后，以五年为一个评估周期。SBA 不断对 SBIC 基金进行定期评价，根据 SBIC 基金的发展情况可以选择退出也可以选择跟进投资。

4. SBIC 退出模式

SBIC 退出模式较为多元，这一方面是因为美国资本市场多层次和成熟度高，另一方面是 SBIC 的市场化程度比较高，可以选择纳斯达克上市退出，也可以选择股权转移、并购和股债结合的退出模式。

（三）美国 SBIC 基金的成效

1. 重视政府的基础性作用，体现公共引导目标。

从法律层面看，美国政府一直致力于完善对 SBIC 基金的法律支持和配套政策，如美国的《中小企业法案》。同时，美国政府在税收政策和产业政策上都提供较为完善的配套政策，如担保计划和优惠贷款政策等。从引导效应看，SBIC 基金从正反两方面鼓励和禁止资金的投向，SBIC 基金不单是中小企业资金的提供者，更是中小企业创业创新和产业转型的引导者。从财政资金的杠杆效应看，SBIC 基金通过债权和股权担保可以产生放大效果，不仅有利于财政资金的合理使用，而且有利于吸引更多的社会资本进入中小企业的融资体系。

2. 明确角色定位和支持对象

SBIC 基金的建立旨在引导财政资金和社会资本形成合力，为大量的种子期和起步期的中小企业发展提供充足资金来源。引导基金的定位是为了弥补市场失灵的现象，和市场基金以盈利为目的有根本的区别。SBIC 基金支持的对象主要是创业风险投资基金，一般不直接支持中小创业企业，但对于政府特别鼓励的产业方向，可以采取跟进投资和股权参与等方式少量参与投资创业企业。

3. 选择适用的支付方式

基于美国经济体量庞大、资本市场成熟、创业投资企业融资额较大等原因，SBIC 基金主要采用提供融资担保的方式，帮助创业投资企业获取长期大量的资金。就我国的经济情况和资本市场现状来说，一般中小创业投资企业体量较小，融资额也较小、达不到我国发行债券的法律要求等，同时提供融资担保操作上比较困难，因而应主要采取参股方式和灵活采取跟进投资、风险补助等方式，引导社会资本进入高风险和高潜力的高新技术领域。

4. 明确市场化运作原则和多元化退出方式

SBIC 基金不干预所支持的中小创业企业的经营方向和具体项目，而是通过制度设计和政策引导等鼓励其进入国家鼓励的高新技术领域。SBIC 基金的管理团队多是来源于专业的市场化团队，可以保证基金的运行安全和资金的使用效率。SBIC 基金可以通过纳斯达克上市、资本市场股权转让、企业并购等多元化的途径实现退出。

二、以色列 Yozma 基金

(一) 以色列 YOZMA 基金的产生

1986—1992 年是以色列创业投资行业的萌芽期,重要的创业活动陆续出现,技术创业的行为逐步被人接受,部分创业融资活动开始发生。这意味着为大量的科技机会转变成一连串具有潜力的商业机会提供了可能。因此,从需求角度而言,萌芽期创业企业的大量涌现和研发创新能力的不断提高,导致其对于创业投资的大量需求。在同一时期,受全球化和供给学派思潮的影响,以色列的金融体系(尤其是资本市场)开始向自由化方向变革,与创业投资相关的投融资活动使得以色列的高科技部门逐步转变为新型的信息和通信技术集聚中心。这在供给层面为以色列创业投资行业的兴起提供了重要保障。

然而此时,以色列传统的高科技创业扶持措施并不成功。这一时期有将近 60% 的创业企业在成功实现科技成果后却在商业上失败了。其主要原因:一是创业企业未能将产品真正实现商业化;二是创业企业无法募集到进一步发展所需的资金。鉴于此,1992 年 Yigal erlich(后来被称为以色列风险投资之父)向政府提出申请拨款 1 亿美元,组建以色列国内第一只政府性的创业投资引导基金,即 Yozma 基金。以色列政府希望借 Yozma 基金来激活国内创业投资市场,给创业投资行业制造一种"鲶鱼效应",为创业企业提供更加有效的创业投融资服务。

(二) 以色列 Yozma 基金的运作

1. 组织形式和激励机制的设计

在组织形式上,Yozma 基金作为母基金参股市场化创业投资基金(即子基金),采用有限合伙制(LP),即以色列政府和其他社会出资人作为有限合伙人承担出资义务。同时,聘请专业的基金管理团队作为普通合伙人(GP),负责投资管理业务。在这一架构下,政府不直接干预基金管理团队和所投企业的日常运营,保证参股基金按市场化方式运作。

在激励机制上,Yozma基金设计了一项期权激励,即允许社会出资人在基金封闭期的前5年内,可以按事先约定的价格(一般以出资成本加5%~7%的收益率水平定价)回购政府在基金中的股份。该项期权激励机制类似看涨期权,不仅可正面激励社会出资人的参与热情,而且也为政府资金的退出提供了某种便利。在第一只母基金YozmaI所参股的10家市场化创业投资基金中,有8只基金的社会出资人行使了这项回购选择权。

2. Yozma基金设立的过程

1993年,Yozma设立了第一支母基金YozmaI。在随后的3年时间里,YozmaI先后参股10家市场化创业投资基金。其中,有6家设立于1993年(Gemini、Star、Pitango、Walden、Invantech、JVP),有两家设立于1994年(Nitzanim、Eurofund),剩余两家则分别设立于1995年(Medica)和1996年(Vertex)。为了向具有丰富经验的国外创业投资机构学习,以色列政府鼓励所参股的创业投资基金吸引国际资本,先后引入了来自欧美等国家或地区的创业投资机构作为有限合伙人。在募集规模上,以色列政府向YozmaI出资1亿美元,并规定对每家市场化创业投资基金的参股比例最高不得超过40%(或者投资金额最多不超过800万美元),社会资本(包括国际资本)的参股比例要达到60%以上。这意味着1亿美元的政府资金将至少引导1.5亿美元规模的社会资本。实际上,每家市场化创业投资基金的募集金额几乎都达到2000万美元,合计金额也基本达到之前预想的2.5亿美元的规模。

3. 以色列Yozma基金的成效

以色列Yozma基金被公认为是十分成功的政府性创业投资引导基金,其成功运作有赖于母基金的组织形式、正面的激励机制和对国际资本引资安排上的设计。尤其是在Yozma基金设立之初,以色列政府不仅采用了一系列市场化创业投资基金的运作模式,像有限合伙制、分层税制(在合伙企业层面不征税,而是由各个合伙人单独纳税）等，而且也创新了部分设计，如引入回购选择权的机制等。这些安排确实为社会资本参与 Yozma 基金，以及之后一些国际上著名的创业投资机构（如红杉资本、英特尔资本等）大规模进入以色列创业投资行业奠定了制度基础。此外，以色列政府鼓励 Yozma 基金吸引国际资本，也有利于以色列高科技企业借助海外资本的运作平台，为政府和社会资本的退出增加在海外上市的新渠道。就某种意义而言，这也是为何大量以色列高科技企业得以顺利在纳斯达克上市的重要原因。

Yozma 基金的成功运作带动了以色列创业投资市场的大发展。在之后的十多年间（1996—2008 年），以色列募资金额最大的 10 家创业投资基金中，至少有 4 家是 Yozma 基金参股的市场化创业投资基金。目前，作为全球最活跃的创业投资市场之一，以色列的创新型企业和创业类项目均在世界名列前茅。

三、澳大利亚 IIF 基金

（一）澳大利亚 IIF 基金的产生

对于技术创新，澳大利亚政府早在 1986 年就通过了《产业研发法案》（The Industry Research and Development，IR&DAct），并基于此成立了"产业研发委员会"（IR&DBoard），专门负责推动技术进步和企业创新，但并未改变大量创新型企业面临融资和管理瓶颈的困境。为此，澳大利亚政府尝试引入政府性创业投资引导基金来为创新型企业提供投融资支持。1997 年 3 月，澳大利亚工业、旅游和资源部下属的商业项目执行部门 AusIndustry 和产业研发委员会共同提议设立"小企业创新基金"（the Small Business Innovation Fund，SBIF），8 月改名为"创新投资基金"（innovation Investment Fund，IIF，以下简称 IIF 基金）并正式实施。

（二）澳大利亚 IIF 基金的运作

管理架构和激励机制的设计："产业研发委员会"（以下称"委员会"）是 IIF 基金规则的主要制定者，并负责对基金管理团队的监督和管理。委员会成员拥有产业、经济与管理等领域的背景，由澳

第六章 科技成果转化创业投资基金基本架构——以辽宁为例

大利亚工业、旅游和资源部部长直接任命。工业、旅游和资源部下属的商业项目执行部门 AusIndustry 则为委员会提供行政方面的支持。在 IIF 基金设立前，基金管理申请者必须按照委员会所发布的《IIF 基金指南》，提交申请材料，然后再由委员会对申请者进行细致筛选和全面评审，其中包括初次评估、全面评估和中标决定这三个阶段的考核。只有经过上述竞争性选拔的评审程序后，委员会才会公布基金管理团队的最终名单，并正式授权其管理存续期为 10 年的 IIF 基金。在 IIF 基金设立后，委员会将要求基金管理团队定期提交财务报告和投资决策报告。特别是在每个财务年度结束后的 3 个月内，基金管理团队必须向委员会报送经审计的财务年度报告和每项投资的年度评价报告。在每个财务年度内，基金管理团队还需要向委员会上报中期财务报告。在做出每项投资决策后的 30 天内，基金管理团队必须向委员会提供投资决策报告，证明被投企业符合基金管理规定。

在激励机制的设计上，澳大利亚政府本着发展国内创业投资市场的理念，为创新型企业提供投融资服务，并建立起一套资金可循环利用的运作体系。政府将尽量多地让利给参与基金的社会资本和基金管理团队。具体的收益分配分为三个步骤：随着 IIF 基金逐步产生收益，第一步是按出资比例向政府和社会资本偿还所出资的本金；第二步是当本金偿还之后，一部分收益会以投资本金的利息收入形式向出资的政府和社会资本支付，该利率等于同期的政府长期债券利率；第三步是在剩余的超额收益部分中，以 1∶9 的比例在政府和社会资本之间进行初次分配。而社会资本所获得的 90% 超额收益部分中，再按 8∶2 的比例向社会出资人和基金管理团队进行二次分配。这一收益分配方式意味着政府、社会资本与基金管理团队将最终分别获得 10%、72% 和 18% 的超额收益。可见，政府主动在基金收益分配上设定自身收益的门槛，更多地让利给社会资本，增加其风险收益报酬。考虑到政府出资是社会资本出资的两倍，将极大地激励社会资本参与 IIF 基金，并吸引更多的资金进入创业投资行业。在 IIF 基金的发展过程中，政府与社会资本的出资比例从开始的 2：1 降至后来的 1：1 便是最好的例证。

IIF 基金的设立过程：从 1998 年开始，IIF 基金共进行了三轮设立过程。在 1998 年的 IIF 基金一期，澳大利亚政府出资 1.3 亿澳元，吸引社会资本投入 6700 万澳元，两者出资比例接近 2：1，先后参股 5 家市场化创业投资基金；在 2001 年的 IIF 基金二期，政府出资 9100 万澳元、社会资本投入 6600 万澳元，两者出资比例为 1.4：1，共参股 4 家市场化创业投资基金；在最近一轮基金（即 IIF 基金三期）设立中，政府出资 1.4 亿澳元，并放宽社会资本的投入比例。至此，社会资本首次超过政府出资规模，达到 1.5 亿澳元，同样参股四家市场化创业投资基金。总体来看，IIF 基金设立的总规模为 6.44 亿澳元，政府和社会资本分别出资 3.61 亿澳元、2.83 亿澳元，共参股 13 家市场化创业投资基金。这意味着 1 澳元的政府资金将至少引入 0.8 澳元的社会资本。

（三）澳大利亚 IIF 基金的成效

IIF 基金的成功运作有效满足了澳大利亚创新型企业对投融资服务的大量需求，尤其是"胡萝卜加大棒"式的管理架构和激励机制，较好兼顾了市场原则和政策目标。目前，IIF 基金已成为澳大利亚创业和创新基础设施的重要环节，将是未来政府长期所实施的公共项目。同时，IIF 基金的运作模式也已成为澳大利亚政府其他引导基金的标杆，像"可再生能源股权基金"（Renewable Energy Equity Fund，REEF）、"前种子期基金"（Pre－SeedFund，PSF）等各类政府性引导基金，都不同程度地借鉴了 IIF 基金的运作模式。

四、我国政府创业投资引导基金

根据规定，政府可以设立创业投资引导基金并引导社会资本进入创业投资行业。同时，随着中小板的逐步壮大和创业板的推出，在全国范围内产生了各地方政府设立创业投资引导基金的热潮，各省、自治区、直辖市纷纷根据国家出台的各项政策并结合本地实际，制定和颁布了具有本地特色的政府创业投资引导基金管理方法。不仅那些投资资本聚集的一线大城市，如京、深、渝、津等，政府创业投资引导基金获得了突飞猛进的发展，那些民间资本剧增、产业政策优惠的二线城市，也纷纷设立引导基金以鼓励和扶持当地创业企业的发展。从目前政府引导基金的发展态势来看，它必将成为推进创业投资企业和创业投资产业发展的重要资本平台。

全国各省积极响应国家号召，坚持科技面向经济社会发展的导向，围绕产业链部署创新链，围绕创新链完善资金链。在不断推动科技创新的同时，在国家科技成果转化引导基金的带动下，已有多个省设立了地方科技成果转化基金。其支持方式主要有成立母基金、设立子基金、贷款风险补偿、直接股权投资、绩效奖励等。设立科技成果转化基金的省市集中分布于我国东南地区，且基金规模明显超过中西部，中国科技成果转化基金仍然存在地域分布不均衡的问题。

（一）上海市

为促进上海创业投资健康快速发展，大力推进自主创新和高新技术产业化，加快培育和发展战略性新兴产业，根据《国务院关于推进上海加快发展现代服务业和先进制造业建设国际金融中心和国际航运中心的意见》（国发〔2009〕19号）、《国务院办公厅转发发展改革委等部门关于创业投资引导基金规范设立与运作指导意见的通知》（国办发〔2008〕116号）、《创业投资企业管理暂行办法》（国家发展改革委2005年第39号令）和《中共上海市委、上海市人民政府印发〈关于进一步推进科技创新加快高新技术产业化的若干意见〉的通知》（沪委发〔2009〕9号）精神，由市政府设立上海市创业投资引导基金。上海市创业投资引导基金是按照市场化方式运作的政策性基金，主要是发挥财政资金的杠杆放大效应，引导民间资金投向上海重点发展的产业领域，特别是战略性新兴产业，并主要投资处于种子期、成长期等创业早中期的创业企业，促进优质创业资本、项目、技术和人才向上海集聚。

（二）湖北省

湖北省2017年组织实施"产学研金合作助力科技成果转移转化专项行动"，加大省级创业投资引导基金对科技成果产业化的促进推动作用，积极响应国家相关政策倡议，完善湖北省科技金融创新创业服务平台功能，联合多部门机构积极组织创新创业投融资对接活动，加速产学研结合以促进科技成果转移转化。同时，湖北省出台了进一步促进科技成果转化的十条新政策，其中包括设立1亿元专项创业投资引导基金，重点支持技术市场交易的科技成果进一步产业化应用。

（三）河南省

河南省2017年1月设立郑洛新国家自主创新示范区科技成果转化引导基金，将应用于郑洛新国家自主创新示范区和全省科技创新的重点领域。这不仅致力于促进河南省内科技成果的产业化，也积极推动外省的科技成果在河南省内进行转移转化，努力培育河南省科技型中小企业稳健发展。科技成果转化引导基金主要的投资方式是设立子基金，主要应用于各级别财政科技专项基金计划和其他社会资本产生的科技成果转化等，引导国内外先进科技成果在河南省进行先进技术产业化。

五、对辽宁省科技成果转化创业投资基金建设的启示

美国SBIC基金向中小企业直接提供资金，以色列YOZMA基金和澳大利亚IIF基金以母基金的形式间接向处于种子期和初创期的中小企业提供资金。从这三国设立的基金中可以得出，平衡政府和市场之间的关系十分重要。

（一）加强科技成果转化创业投资基金的组织和领导

在创新型企业的初创期和早中期，因投资风险大，因而社会资本进入有顾虑，再加上新兴产业的融资需求又特别紧迫，从而导致该领域出现市场失灵的现象。

从法律层面看，美国SBIC基金出台了《中小企业法案》；从引导效应看，SBIC基金不单是中小企业资金的提供者，更是中小企业创业创新和产业转型的引导者；从财政资金的杠杆效应看，SBIC基金通过债权和股权担保可以产生放大效应，不仅有利于财政资金的合理使用，而且有利于吸引更多的社会资本进入中小企业的融资体系。无论是以色列的 YOZMA 基金还是澳大利亚的 IIF 基金,其设立的主要目的就是为了通过政府性引导基金来激活国内创业投资市场,为创新型企业提供更加有效的创业投融资服务。

目前,在大力推进供给侧结构性改革的关键时期,辽宁省科技成果转化创业投资引导基金应通过约定投向,重点支持新兴产业领域最具创新活力的早中期、初创期创新型企业成长壮大,广泛吸引社会出资,积极调动各方面的有效资源,为落实国家创新驱动发展等战略部署发挥应有的示范效应。

(二) 明确市场化运作原则和多元化退出方式

在创业投资领域,一般都要求拥有丰富投资和管理经验的基金管理团队来运作创业投资基金,政府部门显然不具备这样的优势。因此,市场化的创业投资基金通过参股,可以提高创业投资引导基金的市场化运作效率。允许创业投资引导基金从参股创业资本的已投资项目中适时退出,可采用事先约定方式将间接持有的优质股权转让给参股的创业投资企业,让利于创业资本。

美国 SBIC 基金不干预所支持中小创业企业的经营方向和具体项目,而是通过制度设计和政策引导等鼓励其进入国家鼓励的高新技术领域。SBIC 基金的管理团队多是来源专业的市场化团队,可以保证基金的运行安全和资金的使用效率。SBIC 基金可以通过纳斯达克上市、资本市场股权转让、企业并购等多元化的途径实现退出。特别是在基金最后退出的时候,不以营利为核心目标,让利于中小企业和子基金,同时对社会资本公平对待,实现利益共享和风险共担。

(三) 加强专业化基金管理人才队伍建设

积极引进国外创业投资家及其团队,实行开放式人才政策,打破体制限制,不拘一格地选用和培养高端创业投资人才,逐步形成扎根中国土地的创业投资家群体及领军人物。

加强管理层激励。积极探索针对创业风险投资机构经营管理人员的激励办法,通过股权和期权等激励办法提高管理人员的积极性,一方面要让中国的创业投资引导基金管理者走出去,走到国际的舞台上,充分适应竞争的国际市场。另一方面要把专业的国际人才迎进来,学习他们更加科学和系统的基金管理经验。

支持吸纳人才。鼓励具有复合背景的人才进入创业投资行业,扩大从业人员规模。发挥行业协会的教育培训职能,逐步塑造符合辽宁省省情的创业股权投资人才梯队。

营造宽松的环境。培育具备创新创业能力的复合型人才,进一步落实创业投资引导基金的高管人员个人所得税地方财政留存部分返还政策,不断吸引高端人才进入创业风险投资领域。

以色列政府鼓励 Yozma 基金吸引国际资本,并明确要求其向具有丰富经验的国外创业投资机构学习,比对社会资本干涉过多且不向海外资本开放的澳大利亚 IIF 基金的总体实施成效要更为突出。鉴于此,政府除了主要负责制定引导基金政策绩效评价和定期考核之外,应尽量减少不必要的行政干预,将具体项目的管理和市场运作交予之前选定的基金管理公司。

(四) 小结

辽宁省科技成果转化创业投资基金要结合我省具体创业投资情况,走出自己特色道路。首先,要按照"政府引导、市场运作、专业管理、规范发展"的原则,推动财政资金由拨款方式向投资方式转变,吸引社会资本向创业投资领域转化,做大创业风险投资的总量。其次,要完善基金管理模式,进一步扩大创业投资引导基金的资金规模并优化资本结构。最后,要灵活利用参股子基金、跟进投资、融资担保、风险补助等运作方式,不断加强对创业投资的引导和激励。

第五节 辽宁省科技成果转化创业投资基金的基本架构

一、辽宁省科技成果转化创业投资基金框架的要素分析

(一) 基金架构设计方面

在辽宁省科技成果转化创业投资基金框架设计上,可采用"母基金＋子基金"的双层设计模式。在引导子基金正确投资方向和保障市场化运行管理前提下，可以进一步发挥财政资金杠杆放大效应的优势，撬动更多社会资本参与基金的设立，激发社会资本的积极性。

（二）基金管理模式方面

在辽宁省科技成果转化创业投资基金管理模式上，政府不过多干预引导基金的具体管理和运作事务，主要负责提供良好的市场环境和制度保障，委托专业的基金管理机构进行市场化管理运作，不对科技成果转化创业投资基金营利性做过高要求，提高财政资金使用效率，充分发挥科技成果转化创业投资基金自身的政策性优势，使社会资金得到更优配置。

（三）基金运作方式方面

在辽宁省科技成果转化创业投资基金运作方式上，辽基金主要定位于投资子基金的母基金。科技成果转化创业投资基金参股设立子基金，由子基金投资具体项目的运作，凸显母基金的引导和杠杆作用。创业引导基金作为母基金，一般不直接投资项目，可采取部分少量资金跟投的方式。该运作方式可以降低科技成果转化创业投资基金风险。

二、科技成果转化创业投资基金运行框架分析

辽宁省科技成果转化创业投资基金的目的是引导社会资本进入创投领域、扶持创业企业或重点项目的发展，充分发挥财政资金的杠杆效应和导向效应。其属于国有资本范畴，存在"所有者虚位"问题。因此，科技成果转化创业投资基金应建立科学的组织结构，完善管理机制，提高运作效率。同时，应加强监管和风险防范，防止"寻租行为"和"道德风险"发生，确保国有资本的保值增值和再投资的良性循环。

按照决策、管理、运营相分离的原则，科技成果转化创业投资基金的运行框架应包括决策咨询委员会、科技成果转化创业投资基金有限责任公司、专业化基金管理公司、子基金管理公司等部门。

作为科技成果转化创业投资基金的决策机构，决策委员会主要负责母基金制度设计、统筹管理等顶层工作；国有独资的投资引导基金有限责任公司负责持有引导基金；面向市场寻找专业化的基金管理公司负责母基金的具体运作；面向市场寻找有意向的社会资本共同成立子基金，并聘请专业的金融、投资机构负责管理运营子基金（见图6-1）。

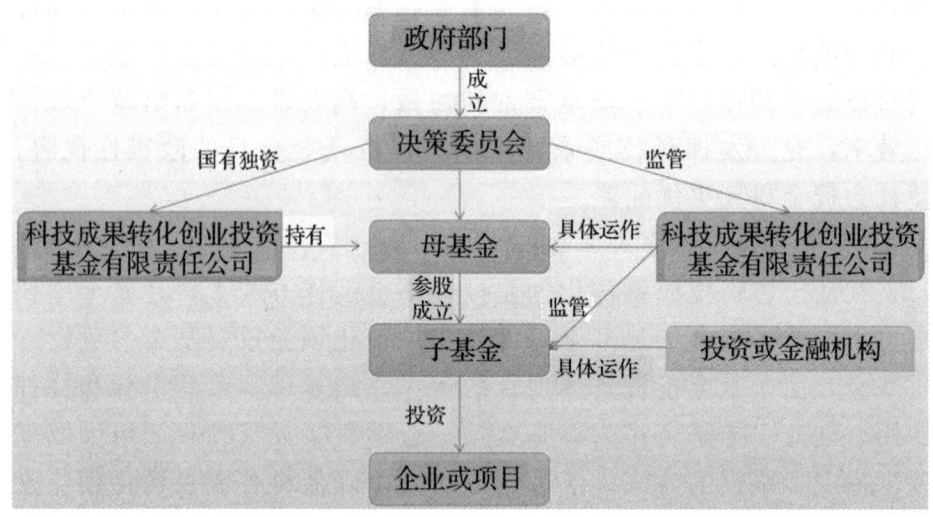

图6-1 辽宁省科技成果转化创业投资基金的基本架构

决策委员会由政府部门牵头成立，委员应包括财政部门、科技管理部门、发改管理部门、金融管理部门、中小企业管理部门等有关方面的专家。决策委员会不直接干预和参与科技成果转化创业投资基金的运作，其主要职责是制定科技成果转化创业投资基金发展规划和相关的扶持政策；代表政府部门对基金管理公司进行监督、管理以及考核；审批科技成果转化创业投资基金的年度经营计划和工作报告；审批关于科技成果转化创业投资基金参股成立子基金的方案等。

公开招聘专业化的基金管理公司负责科技成果转化创业投资基金的具体运行，其主要职责是提出科技成果转化创业投资基金年度工作计划和年度预算草案，并上报决策委员会审批；贯彻落实决策委员会的方针政策；寻找有意向的社会资本共同成立子基金并对子基金进行有效的监督和管理；招聘和管理专业人才；制定自身管理团队的利益分配计划和激励约束方案等。科技成果转化创业投资基金可以根据政府经济发展战略的重点设立不同的子基金，如新能源发展投资基金、"一带一路"发展投资基金等。此外，还要聘请专业的金融、投资机构作为子基金的管理人，其主要职责包括筛选符合投资条件的企业和项目，并受理其申请；对拟投资的企业和项目进行尽职调查、风险评估以及可行性分析；对投资的企业和项目进行跟踪评估，掌握最新进展情况；负责项目资金的投向分析和投后管理等。

第七章 科技成果转化创业投资基金投资运营机制研究——以辽宁为例

第一节 科技成果转化创业投资基金投资模式

从世界各国的经验来看,科技成果转化创业投资基金是政府利用财政资金和配套政策措施对早期创业企业进行支持的一种方式,其投资和运行模式主要包括参股基金模式、融资担保模式、跟进投资模式等。

一、参股基金模式

参股方式是引导基金运用比例最高、最广泛的运作模式。参股方式指的是引导基金作为"母基金"出资并以参股方式与社会资本共同设立创业投资机构(子基金),委托市场化的专业创业投资管理机构对子基金进行运营管理。参股形式包括设立新公司、组建有限合伙企业和其他法律法规允许的形式。(见图7-1)

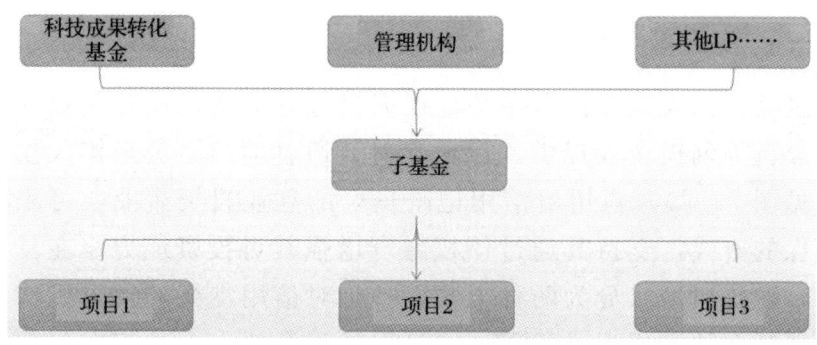

图 7-1 参股基金模式

在各地区对该模式的实践中,科技成果转化基金与社会机构共同出资设立创业投资基金(子基金),并按事先约定的条件承诺在一定期限内退出,且科技成果转化基金参股比例最高不超过基金总额的 25%,参股期限原则上不超过 5 年。有的地方为吸引社会资本,规定投资者在科技成果转化基金入股后 3 年内可以购买科技成果转化基金所持有股权,同时转让价格按照科技成果转化基金原始投资额确定。对于超过 3 年的,转让价格为科技成果转化基金原始投资额加上转让时人民银行 1 年期贷款基准利率计算的收益和。

在国内,深圳市创新投资集团有限公司(简称"深创投")与苏州市、武汉市、重庆市等地方政府共同组建的基金即为这种模式。由地方政府引导基金与深创投共同出资设立基金,并由深创投成立的管理公司对基金日常事务和投资活动进行管理。从国际上看,以色列在 1993 年开始设立的 YOZMA 基金采用的也是参股模式,通过引导社会资本共同设立市场化的创业投资机构的方式来投资于初创期企业。政府不直接参与投资决策和项目选择的过程,产生的收益大部分也是归于社会资本所有。YOZMA 计划中,政府资金共参与设立了 10 只商业性创业投资子基金,参股比例均不超过 40%。这 10 只基金均采用有限合伙制设立,政府作为有限合伙人在基金管理和运营中没有决策权,以确保基金的市场化发展和运作。

二、融资担保模式

融资担保模式是指引导基金根据银行等信贷机构对企业的信用报告分析为创投企业提供担保，支持其通过债权融资来扩大投资规模（见图7-2）。对历史信用记录良好的创业投资企业，可采取融资担保的方式，支持其通过债权融资增强其可投资能力。在具体操作中，融资担保又分为两种方式，一是对信用良好的创投机构直接以补偿基金的方式提供担保，二是引导基金对专业的担保机构以补贴的方式对创投企业进行担保。融资担保方式具有提高资金放大倍数和使用效率、降低政府投资风险等优点。

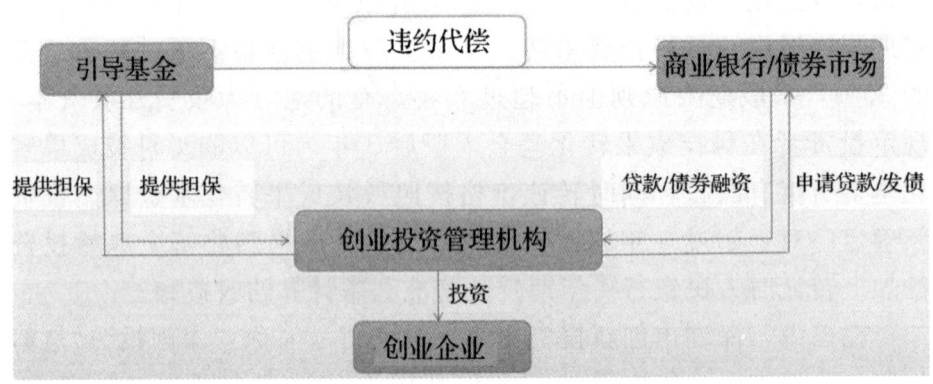

图7-2 融资担保模式

三、跟进投资模式

跟进投资是指引导基金以同等条件对创业投资机构所投资项目进行跟进投资。跟进投资是引导基金和创投机构共同投资于中小企业，以达到降低创业投资机构风险的目的的一种投资方式（见图7-3）。跟进投资是引导基金业务模式中唯一一种直接投资方式。在具体运作过程中，跟进投资的资金只能占引导基金总额中很小的比例，引导基金按创投机构投资额的一定比例提供相应金额的股权投资，以同等条件联合对项目进行投资。

与参股子基金模式相比，跟进投资模式的最大优点是适合引导社会资本投向早期创业企业。于早期企业具有较大的投资风险，因而社会资本投向早期企业的积极性不高。而引导基金联合投资分担了合作伙伴的投资风险，并通常会给予合作方按"原始出资额＋资金成本"购买政府所持股权的期权激励，因此大大提高了社会资本投向早期企业的积极性。

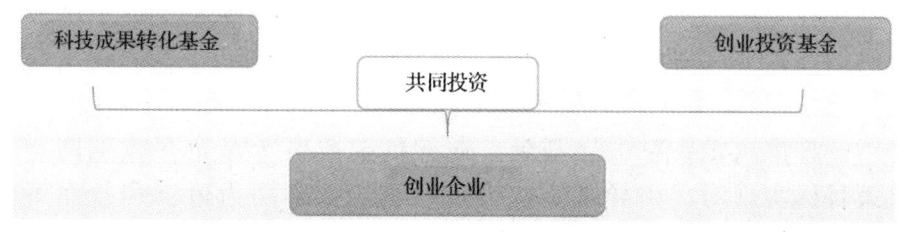

图 7-3　跟进投资模式

四、其他模式

除了上述三种模式外，科技成果转化创业投资基金的运作模式还有诸如风险补偿和投资保障等其他模式，其中风险补偿和投资保障均属于无偿资助。风险补助是对已投资于初创期中小企业的创投机构给予一定的补助，帮助创业投资机构提升抵御风险能力的一种方式，主要目标是鼓励创业投资机构加大对创新型企业的投资力度。投资保障是指引导基金对子基金投资的早期企业给予一定额度的技术研发和产业化费用资助，从而提高早期企业成功概率，以达到吸引社会资本投资早期企业的目的。

第二节　科技成果转化创业投资基金的退出风险

一、科技成果转化创业投资基金退出时机的选择

与所有创业投资基金一样，及时退出是科技成果转化创业投资基金运作成败的关键，也是引导成效的最终价值体现。虽然科技成

果转化创业投资基金不求获得大幅增值,但也需保本微利,以保证科技成果转化创业投资基金内在循环的可持续性。只有有效退出,才能不断运转,最大限度地发挥其政策引导作用。因此,科技成果转化创业投资基金应当及时退出,不要与民争利,转而进行新一轮投资,以实现良性循环发展。退出时机的选择是退出决策中的关键性因素,退出太早,难以获得理想回报;退出太晚,又会错过最佳回报期。

(一)在子基金存续期间退出

一种情况是,在引导基金参股的创业投资子基金存续期间,当政策目标实现时,引导基金应当适时退出,不因为追求利益而不愿退出,把投资机会让给其他的社会投资者,避免产生"挤出效应"。另一种情况是,当发现子基金投资方向偏离引导方向,预计政策目标无法实现时,引导基金也应当及时退出。

(二)在子基金期满后清算退出

如果子基金的各参股方(引导基金、创业投资机构和其他投资者)在子基金存续期内的整个投资方向符合政府政策支持方向,且其支持的创业投资项目都能实现完整退出,并获得稳定收益,会是一种比较理想的合作方式。各参与方就不会选择主动退出,而是一直到基金存续期满之后清算退出。

二、科技成果转化创业投资基金的退出方式

(一)提前退出的方式

科技成果转化创业投资基金如果选择提前退出,通常的做法就是在适当时机允许其他投资人购买其持有的子基金股权。原始投资者在同等条件下具有优先购买权,转让价格为本金加上相应的利息(通常以国债利率为基准)。例如,①新西兰政府规定VIF给予子基金中的其他投资者在子基金存续期满之前购买VIF股权的权利。所有的投资者,无论是新西兰内还是境外的,都可以获得这种权利。私营部门投资者购买VIF的股权价格将仅以偿付VIF的本金和利息为基础,利率将以适当的政府债券利率为基础。②智利CORFU要

求科技成果转化创业投资基金在 15 年内或在参股创业投资子基金存续期内退出，CORFU 获得以同期贷款利率计算的且不超过 9% 的收益。③以色列 YOZMA 参股的创投子基金中，私人投资者在投资 5 年后可回购子基金中的政府投资部分，回购份额为成本加 5%~7% 的利率。

（二）与子基金一起退出的方式

科技成果转化创业投资基金选择与子基金一起退出创业企业的方式主要有四种。

1. 公开上市

公开上市，即 IPO，指创业投资者通过创业企业的上市，将其拥有的权益出售给其他投资者、转让股份、收回创投资本并获取收益的一种退出方式。创业投资基金可以选择在主板或二板市场上市。二板市场，包括中小板和创业板，进入门槛较低，比较适于新兴的中小企业，尤其是具有增长潜力的高科技企业的创业投资。所以创投企业主要依赖于二板市场上市退出。公开上市可以使创业投资者获得丰厚的回报，因此成为创业投资最佳的退出方式。

2. 并购

并购也称为股权转让，指创业投资者通过产权交易将自己拥有的创业企业的股份卖出，以此获取投资回报并实现资本退出的方式。由于公开上市有很多条件限制，且时间周期比较长，只有很少一部分创业投资最终能通过创业企业上市来完成退出。所以，创投资本大多选择这种方式退出创业企业，在近两年的退出案例中占到 35% 的比例。

3. 创业企业回购

即通过创业企业的管理层、员工或者创业企业家购买创业投资企业拥有的股份，从而使创投资本退出创业企业的行为。创业企业出于独立性的考虑不愿意股份被他人收购，或者是创业投资公司要求企业执行投资协议中的回购条款，就会通过回购来实现股本退出。

4. 清算退出

在创投资本所投资的创业企业经营状况不好、前景堪忧，或是项目失败时，只能采取破产清算的方式退出。具体的方式是将创业企业的资产进行公开拍卖，将能收回的资金用于下一个投资循环，以减少更大的损失。

第三节　科技成果转化创业投资基金风险控制

一、科技成果转化创业投资基金风险控制机制设计

（一）建立市场准入机制

建立基金管理公司市场准入机制，改善政府部门在第一重委托代理关系中的信息弱势地位，是科技成果转化创业投资基金成功运行的前提。

由政府部门与基金管理公司之间的博弈分析可知，当违规操作的成本小于违规操作带来的收益时，基金管理公司总会选择违规操作实现利益最大化。因此，政府部门需要建立健全市场准入机制，从源头上控制、降低科技成果转化创业投资基金运行中的信息不对称风险。例如，聘请相关行业专家，制定选择基金管理公司的统一标准；严格审查基金管理公司的主体资格，选择信誉好、职业素养高、社会责任感强的基金管理公司；建立个人诚信档案，对曾经出现过诚信问题的高级管理人员进行从业限制等。

（二）完善激励约束机制

科技成果转化创业投资基金管理公司和子基金管理人之间的博弈分析表明，子基金管理人以接受基金管理公司的参股并选择不努力工作为最优战略，基金管理公司以选择参股和促使子基金管理人努力工作为最优战略。在"努力"和"不努力"这一博弈行为中，子基金管理人为努力工作而获得的补偿，即基金管理公司对子基金管理人的激励机制设计至关重要。

一是建立符合科技成果转化创业投资基金特征的绩效评价体系。这一绩效评价体系着重包括：引导多少社会资本进入创业投资领域；

所设立的子基金在促进创新创业和增加就业方面发挥的作用；基金在保本微利运作过程中，是否实现了良好的可持续循环投资。

二是建立竞争评比机制。在科技成果转化创业投资基金管理公司和子基金管理人委托代理关系中，母基金作为基金中的基金，通常会根据不同的需要设立 N 个子基金。

因此，建立不同子基金间的竞争评比机制并给予一定的奖励，能够促进子基金管理人努力工作，增强对子基金激励的有效性。同时，依据政府部门与投资引导基金管理公司之间、子基金管理人与投资对象之间博弈分析结果，构建约束机制，加大对于科技成果转化创业投资基金管理公司违规、投资企业的"不履行合约"处罚力度，是保证投资引导基金管理公司合规运行和投资企业按照合约使用资金的重要保证。进一步完善科技成果转化创业投资基金管理制度，将科技成果转化创业投资基金运行过程中的相关约束制度化，以增加违规操作成本，强化违规约束。实施分期注资制度。根据子基金管理人的经营业绩，实行科技成果转化创业投资基金管理公司分期注资制度。通过增加母基金管理公司和子基金管理人之间博弈次数，一方面可以激励子基金管理人认真履职以降低道德风险；另一方面也可以在子基金投资的项目发生不利变化时，通过及时终止后续投资来减少损失，从而达到风险控制目的。

（三）健全投后管理机制

健全投后管理机制是保证被投资企业按照合同规定使用资金的有效手段。因此，子基金管理人需要健全投后管理机制，加强对资金的用途审核。开展追踪监督，定期对项目进行风险测评，并要求企业定期汇报项目进程、资金使用状况、停止资金投资、股权转让等方式，在不干涉企业正常运行的前提下，保证投资资金使用的安全性和有效性。

二、建立投资决策风险管控长效机制

（一）严格目标企业资格及准入条件审查

严格对被投资企业资格及准入条件的审查有着十分重要的作用，

一是保障政府引导基金投资能够顺利运作直至退出；二是可以有效避免政府资金出现损失的情况；三是科技成果转化创业投资基金的正常运行有益于推进区域科技企业发展与产业结构优化。例如，对被投资企业所处行业背景审查是引导基金投资公司严格目标企业资格及准入条件普遍采用的做法。

在对目标企业资格及准入条件进行审查时，考虑到政府科技发展引导基金与其他创业投资基金的不同，在投资前对企业的筛选方面，应当全面考虑各项因素并结合科技成果转化创业投资基金所具有的政府财政出资的性质、辽宁省自身投资环境，对拟投资的目标企业予以多方面的考量，对目标企业管理团队、商业模式、核心技术竞争力、财务状况等多方面进行综合评估与投资决策。其中，对目前企业管理团队的考察包括企业管理成员的工作经历、业务能力、综合能力、道德品质，尤其应当注意对个人征信状况的考察。对商业模式的考察可以通过对目标企业盈利模式的了解及同业替代品的了解评估市场竞争力，也为后续企业更好发展提供有益参考。而核心竞争力的考量则是多方面的，不仅包括目标企业产品的独特性、产品的市场需求情况及适应市场环境的能力。政府科技发展引导基金对投资企业项目时，则更看重企业技术创新能力、专利应用情况、产品科技含量等各方面的因素。目标企业日常财务管理规范、财务状况健康、资产负债率适当、不存在资金体外循环的情况。

（二）加强监督指导与提供增值服务相结合

在投后的管理阶段，科技成果转化创业投资基金的管理公司可以通过对被投资企业进行监督指导与提供增值服务的方式降低投资管理过程中的风险。一方面，基金管理公司应当定期走访或参加被投资企业的重要会议，并完善被投资企业重要事项报告制度。监督被投资企业，如有重大决策事项及时予以上报，让基金管理公司能够及时对被投资企业的财务状况、经营情况、重要人员变动等情况进行了解，以便基金管理公司能够及时应对可能出现的风险。另一方面，科技成果转化创业投资基金管理公司作为当地的政府投融资平台之一，对于被投资企业的异常情况应当及时请相关专家给予专业意见并予以改进指导。首先，科技成果转化创业投资基金公司应监督被投资企业遵守财务规范，完善财务标准。科技成果转化创业投资基金公司应当定期收集被投资企业财务报表、业务报表，了解被投资企业项目运行状况、资金使用情况、跟踪分析关键指标，及时汇总异常数据，提出改进方案，监督被投资企业实施改进。其次，基金管理公司应监督被投资公司投资项目的正常运行。基金管理公司根据被投资企业的实际经营情况、财务状况等给予专业的建议与指导，并结合以往的引导基金投资经验对行业市场变化跟进分析，保障被投资公司项目的健康有序运行。最后，科技成果转化创业投资及管理公司借助政府引导基金参股的优势，可以为被投资企业提供多层次的资源对接。帮助被投资企业引进客户、技术、人才等各项资源，协助被投资企业引入社会资本及后续融资资源。这不仅有利于被投资企业健康发展，还有利于引导基金顺利退出，助力辽宁科技创新与产业升级。

（三）践行投资决策委员会制度

创业投资基金一般采用投资决策委员会制度进行投资决策。投资决策委员会由外部人员和内部人员组成，其中外部人员包括由基金管理人聘请的针对被投资领域的行业专家等。投资决策委员会的专业评价与投资结果取决于投资决策制度的设定、参会人员专业能力等多方面的因素，因而投资决策委员会制度是加强引导基金风险管理的重要内容。

科技成果转化创业投资基金应当通过投资决策委员会评估后进行投资运作，并在被投资企业发生重大事项变动及需要做出重要投资决策等重要事项时进行决策，如审议决策对目标企业的投资、审定对被投资企业投资协议与条款、审议决策对被投资企业的投资退出等。辽宁科技成果转化创业投资基金应当设立程序规范、专业明确的投资决策委员会作为最高投资决策机构，以期实现专业、科学决策，提高投资效率，降低投资风险。投资决策委员会由7人组成，辽宁省科技金融中心委派2人、科技引导基金受托管理机构委派3人，聘请相关行业专家2人。在投资环节由科技成果转化创业投基金管理公司委托第三方尽职调尽职调查基金管理公司的投资经理后再进行公司实地走访考察，根据尽职调查结果及现场考察情况，形成投资与否的要点与意见，然后上会（投资决策委员会）进行答辩，由投委会委员进行提问与讨论，最后决定继续项目考察投资与否。

（四）加强信息披露制度

规范信息披露制度，加强信息披露，提高信息披露质量，这不论对于基金管理公司还是被投资企业都是至关重要的。从被投资企业来看，信息披露是公司的义务，也是保护股东权益的要求。如2011年发改委发布实施的《关于促进股权投资企业规范发展的通知》中，对于股权投资企业的设立、募资、投资，以及风险控制、基本职责、信息披露等提出了要求。只有被投资企业提供真实、准确、及时的财务状况、运营情况、重要人员变动情况等各种信息，才能使基金管理公司全面了解其即时发展情况及可能产生的风险，才能及时帮助被投资企业及时制定并实施风险应对措施，促进被投资企业的健康持续发展。从科技成果转化创业投资基金管理公司的角度来看，基金管理人也应当规范信息披露制度。基金管理人应当向出资人及托管银行等相关人员定期披露科技发展引导基金的运营情况等信息，并及时报告预期可能发生的重大风险。基金托管银行应当向出资人、基金管理人及监管部门定期报告资金的使用情况及有关异常情况。如此一来，不仅能有效规避政府引导基金可能发生的资金结存风险，还能优化政府财政资源配置，促进政府科技发展引导基金发挥积极作用。基金管理公司与相关政府部门对辽宁科技成果转化创业投资基金运行情况及风险披露过程中的专业分析与对策制定，有利于不断完善引导基金信息披露与容错、试错机制，促进政府科技发展引导基金发挥引导效应并实现良性发展。

（五）设立独立的风险管理委员会

设立独立、专业的风险管理委员会，由独立部门、专职人员负责风险管理，不仅可以更好地管控被投资项目的风险，还能够节约风险管理成本。对辽宁科技成果转化创业投资基金管理公司的风控评审部进行整合，成立风险管理委员会，负责所投企业项目风险管理的相关工作。可由风险管理委员会负责牵头工作，让投资部、财务部等各职能部门对投资项目识别并评估其所面临的风险，将风险要点汇总至风险管理委员会。风险管理委员会对各相关部门提交的风险点及可能出现的风险事件进行专业评估与总体分析，在各部门基础上查漏补缺，科学评估被投资企业项目的整体风险，并由此制定风险应对办法与管理流程，予以落实。

这里需要注意的是，风险管理委员会在业务上应当是独立的，其主要工作是对公司所投资企业进行风险管理与控制，如建设公司风险管理文化；建立公司风险培训制度；会同公司相关业务部门制定风险管理制度与操作流程；会同公司综合部制定内部风险管理制度与工作流程；定期或不定期评估业务部门的风险管理具体实施情况；独立审核投资项目风险，包括对第三方机构出具的对拟投资企业项目尽职调查进行核查等；参加本公司的投资决策委员会，作为独立部门对拟投资项目风险提出意见建议。

第八章 政策建议

第一节 进一步完善政府引导基金的行业结构和市场机制

为了满足不同产业不同层次的融资需求，并解决各地区政府引导基金当前所面临的瓶颈问题，应当进一步扩张引导基金的业务范围，不仅要延长投资项目的培育期，而且要从传统的风险投资业务逐渐向大资管业务扩张，从高成长企业的风投业务扩展到龙头企业的供应链重构、产业链的并购重组、地方公共事业项目的债务重组业务，等等。

要实现上述目标，首先，应创新基金管理的架构，鼓励基金管理公司的市场分层化、专业化发展。在金融机构不发达的地区，引导基金可以采取多个有限合伙人的模式，将具备金融业务优势的外来基金公司和熟悉本地产业的龙头企业同时作为政府出资的后方和项目管理者，发挥二者之间的协同效应。逐步培育偏向本地化发展的基金管理公司，特别是了解欠发达地区市级及以下产业情况的基金管理团队。

欠发达区域要完全靠自身力量去寻找比较市场化、比较优秀的基金管理机构，在短期内的确较为困难。变通性的解决办法包括：一是直接纳入上级产业基金的框架，欠发达区域完全变成上级产业基金的有限合伙人、共用上级产业基金的市场化普通合伙人，对参股基金的当地返投比例及特殊重大项目投资比例做一定要求；二是与上级产业基金政府引导基金部分的托管机构合资组建基金,由上级政府的资产管理机构来协助寻找洽谈沟通市场化或更优秀的普通合伙人;三是直接交给上级譬如省级有组建运营产业基金经验的国有资产管理机构来管理。从行政管理上,通常是相邻两级的市县合作、省市合作,也不排除省和部分需要特别对待的县级单位直接合作,譬如某些县级产业园区等。这实际上是通过调动更多资源的方式来扩大欠发达区域的社交圈和合作圈,同时资源更多、信誉更好的上级国有资产管理机构也做了部分的隐性市场担保。

其次,完善引导基金的筹资渠道和退出途径,积极研究、制定金融产权交易的措施和机制,建立多层次的基金退出和金融产权流转市场。即便是在资本市场高度发达的美国,真正通过 IPO 实现退出的私募股权投资也只占到投资总额的 20%,因而必须尽快改变过度依赖上市渠道的发展瓶颈。何况,并购重组需要的资金量要远高于常规的单个企业的风险投资,也不能将引导基金的服务对象仅仅限于有上市公司资源的企业。完善金融产权交易市场将是引导基金业务面扩张和融资规模增长的重要前提。

再次,中央层面需要对于引导基金的全过程法规审查、风险监管和绩效评价制度提出规范性要求,具体细则由各省政府负责出台。细则应涵盖多个环节:设立、募集资金、投资运营、内控管理、退出及收益处置、风险控制、让利与容错、绩效评价、税务管理,等等。财政部、发改委和证监会分别出台的相关管理规定,要努力做到协调统一,各行政部门之间的数据信息进行共享。其中,预算出资的程序及政府出资占基金总规模的比例上限、退出期限的上限及变更程序、国有基金股确权转让、容错机制、政府派出人员的薪酬奖励机制等方面,财政部门需要在制度化规范的基础上进行穿透式监管。

最后,根据各地引导基金发展的实际情况,逐步确立引导基金分类管理、分类规范的监管规则。对于科技风险投资基金、并购重组基金、地方政府债务重组基金的监管侧重点要有所区分。监管机构根据参与引导基金业务的基金管理公司的历史业绩进行资质评级,建立能提升基金管理公司业绩资质的激励政策，在激励与约束兼容的基础上规范市场秩序。

第二节　创新政府引导基金的融资机制

为解决中小企业的融资约束问题，需要创新性地企业直接融资体系进行改革。

首先，为了满足政府引导基金的融资需求，可以允许资质等级较高的引导基金发行中长期标准化债券。这里所谓的资质等级包括多方面的内容，如基金管理公司的资质评级情况，引导基金的股权筹资规模（如规定债券发行规模不能超过股权投资的一定倍数），引导基金的业务性质是否属于国家有关政策鼓励范围，等等。

其次，为了促进引导基金中长期债券市场的发育，融资担保机构需要发挥更大的作用。各省担保机构可以根据本省的政策指向对本省引导基金获准发行的债券进行相应程度的担保，中央层级的担保机构再按照中央政府的政策部署对引导基金债券做进一步的增信，以实现对中小企业间接融资和直接融资市场的广覆盖。标准化债券的财政增信将对金融资金的产业投向产生一定的指引作用，放大财政政策的金融影响力，有助于降低相关产业中小企业的间接融资成本，形成良性的投贷联动机制。此外，债券定价所释放的市场信号有助于相关政府部门更好地甄别引导基金的市场定位，定量化地评价财政资金投入的经济绩效，能促进政府引导基金的跨地区竞争机制的形成，为中央决策部门提供及时的产业政策信息反馈，构建投融资体制的良性循环。

现实中，存在中小企业私募债券以及"中小企业贷款资产支持证券（SME－ABS）"等金融工具，它们可以提升中小企业的融资能力。但是，由于中小企业资质良莠不齐，市场认可度并不高，证券化产品实际上很难发售。另外，由于缺乏专业金融机构的筛选，政策性融资担保机构很难辨别相关企业及其发售金融产品的资质，因而缺乏实操性。

第三节 多维度完善科技成果转化体制

以上已经谈到，各国都将政府引导基金投向的主要领域集中在对科学成果的转化上。但是，研究机构和企业脱节，表现为科技成果转化难、产品应用难，研发机构和企业之间缺乏协调机制。而即便是科研单位普遍地成立市场化的成果转化机构，也依然无法解决企业难以深度参与研发过程的问题。为了尽可能地提高财政资金的使用效率，有效解决科技财政投入中的科研成果壁垒和低转化率的问题，需要深入整合财政政策、金融政策、产业政策和科技政策，统筹民间资本和政府资源，打造完整通畅的科技成果转化的全产业链。

近年来，来自影子银行的金融资金通过私募基金渠道快速进入科技风险投资领域，这是市场化手段支持企业研发进入爆发性阶段的基础。企业进行研发的动力增强是由于研发风险被金融市场分担了一部分。资管新规出台之后，市场化资金投入规模迅速萎缩，私募基金的募资日益困难，科技风险投资逐渐被政府引导基金所主宰。即影子银行被压缩之后，金融市场支持科技投入的渠道出现了切换，金融资金需要通过体制内的渠道来进行"风险担保"。无疑，财政资金主导科技风险投资市场会产生多方面的问题。高层级的行政主管部门直接设立引导基金，会出现风险厌恶的倾向。为了规避风险，基金更倾向于投向大型国有企业。这在某种程度上不利于鼓励全产业链的创新。地方政府所设立的引导基金在具体运营上贴近市场化，但通常又缺乏与科研机构的深度联系，基金的管理公司为了满足地方政府关于盈利和本地返投比例的要求，也难以具备足够的"耐心"。

第四节 搭建宏观政策协调的新机制

完善政府引导基金的行业规范涉及宏观、中观和微观三大层面。第一，在中央层面，需要建立行之有效的政策协调平台，明确相关行政主管部门的职能分工，确定政策落实的牵头部门和单位。研究和实施政府引导基金的监管政策，确保党和国家的政策部署落实，对各项政策的落地及时评价、如实反馈。第二，在省级层面，积极推进并出台本地区政府引导基金的行业细则。省级政府的基金管理机构要承担起对本省基金进行规范管理的职能，而不能仅仅负责省本级的基金管理工作。第三，在私募股权投资基金行业自律管理规定的基础上，进一步制定政府引导基金相关的行业自律规范。

更为关键的是，要以政府引导基金的规范发展为抓手，增强各项促进资金进实体的宏观政策之间的衔接性，尽快完善财政政策、金融政策、产业政策和科技政策的统筹协调机制。现实中，各项产业政策与财政政策之间以及不同的财政政策之间的统筹协调，一直是决策部门所面对的难题。例如，基于产业政策的要求所安排的各种财政补助资金的绩效问题；兼顾产业发展的地区差异和调动地方财政的积极性问题；科技投入在市场和各级政府之间的矛盾问题等。因此，不仅需要在行政层面搭建高效的沟通平台，而且需要通过一个直接的、可观测的市场化信号来检验财政资金的投入绩效，成为科技政策、产业政策的制定与调整依据。

总体而言，为了构建"全方位、多层次金融支持服务体系"，用好政府引导基金等政策性金融工具、促进资金进实体，是关键的一项工作，要统筹安排各项相关宏观政策，协调各方职能和相关利益。这既包括在宏观层面建立行之有效的政策协调平台、确定政策落实的牵头部门，也包括为引导基金的发展推出创新的金融工具和交易机制，还包括通过细化政府引导基金的行业规范、配套细则和落地要求等。只有这样，方能积极稳妥地实现财政资金通过政府引导基金为实体经济赋能的政策目标。

第五节　因地制宜式调整政府引导基金的存量和增量

第一，坚持政府引导基金市场化运作。贯彻落实国务院常务会议提出的"鼓励社会资本以市场化方式设立创业投资引导基金"。"十四五"时期树立起"由政府资金引导社会资本转为社会资本引导社会资本"的新发展理念，积极探索市场化设立、市场化引导基金推动创新的新模式。

第二，从设立区域来看，东部地区引导基金市场存量高、融资市场完善，但同质化竞争严重、资金相对过剩。因此，东部地区的政府引导基金应及时进行存量出清及优化，大力支持该地区天使基金发展，致力于引导头部机构"投早、投小、投长、投新、投科"。中部地区地方政府应根据当地产业结构及时调整已设立的引导基金，着重提升地区引导基金创新效率。西部地区则应积极学习引入引导基金先进地区的发展经验，结合自身情况，改善投资条件，储备优良创新项目，让外地资本"敢投""可投"。

第三，从设立层级来看，国家级政府引导基金的投资资源和相关优惠政策应尽量向中、西部地区倾斜，以支持当地政府引导基金市场发展。随着政府引导基金的不断发展，设立基金主体逐渐向县级下沉。该层级引导基金设立和管理时应注重灵活性，不应完全照搬省级引导基金的相关要求。例如，在返投比例设置、创投机构选择标准等方面，而应根据自身产业短板，引入与当地要求相契合的创投机构。在政府与该创投机构进行充分沟通的情况下，制定更有利于自身产业链完善与先进技术实现的针对性条款，为地方企业创新实力增长与经济发展赋能。

第六节　完善政府引导基金推动
区域创新的管理机制

一、组织管理

要处理好政府引导基金各方主体关系，主要指政府与基金管理机构之间以及财政与其他各部门之间的关系。首先，明确政府与基金管理机构的责任，这是引导基金市场化运作的关键。要守好"政府引导、市场化运作"的原则，明确政府的主要责任为监督。政府在规定好投资方向、做好出资、设立好激励约束机制之后要及时退出引导基金的日常管理，取消多重审批、投资限额等约束，放手让基金机构进行市场化的业务运作，从而实现有为政府与有效市场的建设。其次，明确财政与其他部门之间的责任，在财政、审计、发改委等部门多头管理的模式下，基金管理机构受制于部门利益分割不清、协调困难，极易引发政府引导基金管理混乱。对此可借鉴江苏省基金管理运作模式，分别设立专门的基金管理、监督和咨询委员会，针对引导基金募资、设立、投资、管理、退出、财政、法律、税务的全过程制定可操作的管理制度，实现对引导基金的风险控制。

二、绩效评价管理

第一，将政策性引导基金与市场性引导基金进行分类管理。财政资金有保本需求，以社会目标为导向；社会资金有增值需求，以经济目标为导向，二者之间的矛盾难以避免。建议借鉴深圳等地的做法，在政府引导基金下分设不同类型的子基金，对以社会目标为导向的子基金与以经济目标为导向的子基金进行分类管理，设定不同的评价标准。

第二，建立明确的政府引导基金绩效评价体系。在建立具有普适性绩效评价体系的基础上，针对政府引导基金不同的战略目标，根据实际情况设计绩效考核指标且适当增大该指标绩效考评占比。例如，根据政府引导基金推动区域创新的战略目标，将政府引导基金的创新效益纳入引导基金考核范围内。具体来说，不仅要包括创新活动投资金额等短期经济考核，也要包括技术创新情况、技术引进情况以及该技术在当地产业链的弥补情况、适用情况等长期社会和管理考核，从而有力避免政府引导基金乱投、乱设、效率低下的现象。

三、激励容错机制

第一，完善政府引导基金推动创新的激励机制。激励机制主要包括让利政策和奖励政策两种。让利政策具体可表现为以下方式：一是政府引导基金将子基金管理的企业增值收益额的一定比例分发给子基金作为绩效奖励（如威海市设置该比例为20%）；二是差异化管理引导基金收益让渡，根据引导基金投资方向，允许引导基金让渡投资所得全部收益额投资科技或创新型项目等。奖励政策具体表现为：一是对于政府引导基金投资创新项目的绩效考评获得"优秀"层级的，根据绩效评价综合得分，按比例设置不同金额的现金奖励；二是对于政府引导基金母基金（或子基金）申请国家级（省级、市级）专项资金的，若涉及财政等相关部门，应给予积极协助。

第二，建立政府引导基金推动区域创新的容错机制。尽快制定责任清晰、可执行的免责条款，明晰免责适应情形、免责门槛条件等具体内容。例如，在政策上，对投资处于种子期和初创期创新企业的天使投资基金给予更大的包容性。若因该类型投资产生财政资金损失，但投资渠道透明可查且不存在因信息不对称产生的道德风险的投资行为，应特事特办，不追究基金管理机构及个人的责任。

四、管理数字化

引进政府引导基金的数字化管理，利用大数据对政府引导基金进行智能化管理。例如，分类管理具备不同业绩能力的管理机构（人），储备不同层级的科技创新投资项目，监测引导基金资金管理等。

第七节 优化政府引导基金推动区域创新的金融环境

第一，发展多层次资本市场，畅通创新投资渠道。一是改善市场内长期资本不足的现状。政府引导基金市场化最大的痛点在于社会资本严重不足，募资困难，缺少具备资产配置功能的长期资本。为此，建议充分发挥银行和保险金融机构的资金引领功能，鼓励二者投资或设立引导基金母基金，或是从社保基金中划拨一定比例，设立专门的引导基金，同时进行差异化管理。二是充分发挥金融市场对引导基金融资助力区域创新的支持作用，政府要对地方多层次资本市场构建实施补助。例如，新三板挂牌融资补助、中小企业融资平台补助等。

第二，建立完善的政府引导基金退出机制，提高创新资本流动性。政府引导基金的存续期一般为8年，最长为10年。因此，2012年前后设立的引导基金已经面临到期清算。但现实情况是，引导基金退出的数量和规模并不高，导致财政支持创新的资金流动性不足，不仅挤占社会资本投资空间，也不利于财政支持其他创新项目。因此，应提前做好引导基金退出的相关准备。例如，通过建设基金二手份额交易市场来拓宽引导基金退出通道、研究高层级引导基金退出制度以规范退出程序、适当简化国有控股企业之间转让手续以提高子基金或项目的退出效率等。

第三，灵活运用财政补贴、税收优惠等手段激励各方创新投入，为引导基金整合社会创新资本提供良好财税环境。

第八节 深化财政推动区域创新的制度改革

第一,深化科技事权与支出责任改革。落实好中央与地方的科技事权与支出责任划分,即中央承担宏观科技战略制定、法治保障等职能,地方政府则在中央领导下负责区域创新体系建设、区域科技发展政策、区域间创新主体交流等任务;中央负责共性基础研究、公益性技术研究等,地方负责科学技术的应用与开发。中央与地方共同承担的科技事权要有的放矢,若是中央为主地方为辅的科技事权,中央应根据地方政府财政实际承受能力,给予相应的转移支付政策;反之,若是地方为主中央为辅的科技事权,地方应保障该事项的科技支出份额,不得随意改变资金用途,造成地方创新活动投入的不稳定。

第二,加强财政与其他部门的协调合作,提高区域创新资源配置效率。一是建议改变科技部相关科技职能被其他部门(教育部、基金委等)实际承担的现状,建立以科技部为主的科技政策制定和执行体系,避免出现因中央科技支出责任重点分配不明确而引发地方科技事项管理混乱的现象。二是建议各地区政府在建立财政对科技事项投入的保障和增长机制的基础上,加强财政与金融、教育等部门的合作,提高区域内创新要素质量,强化区域内创新主体联系网络。

第三,推动基金链与创新链和产业链融合。以基金链融合创新链,增强产业链专业化水平。创新链既包含基于产业链上下游协同创新的纵向创新链,也包括基于单项创新活动的横向创新链。从创新链条来看,政府引导基金能为处于不同周期的科技企业、位于创新链条上不同参与主体,包括高校、科研院所、企业等提供资金支持;从产业链条来看,政府引导基金多形式、多功能、多层级的资金供给特性不仅可以与产业链上下游不同环节的技术创新需求高度关联、匹配和融合,而且可以满足针对某一创新活动(产品)从萌芽到产业化全过程的资金需求。

参考文献

[1] 许世林. 政府创业投资引导基金运作模式国际比较研究[J]. 财会通讯，2023（15）：154—158.

[2] 王昌盛，叶晨晨，邓德强. 政府引导基金对创业投资的效应[J]. 现代企业文化，2023（14）：37—40.

[3] 叶昊臻. 地方政府创新创业投资引导基金绩效评价研究[D]. 广东财经大学，2023.

[4] 周育红，王鹏宇，梁小敏. 政府引导基金、创业投资与企业创新——基于演化博弈视角[J]. 证券市场导报，2023（06）：41—53.

[5] 刘玉斌，于琳. 我国政府引导基金及创业投资市场发展的现状、问题及对策[J]. 科技与金融，2023（05）：28—37.

[6] 黄玥. 创业投资引导基金对科创板企业成长性的影响研究[D]. 西南科技大学，2023.

[7] 姚宝根. 创业投资引导基金的组织运作模式分析[J]. 商展经济，2023（07）：98—100.

[8] 赵艳丽，纪旗旗. 哈尔滨市创业投资引导基金运行现状[J]. 经济师，2023（03）：120—121.

[9] 刘玉斌，赵天宇，郭树龙. 战略性新兴产业创业投资引导基金能促进企业创新吗？[J]. 产业经济研究，2023（01）：73—85+142.

[10] 姚宝根. 创业投资引导基金的发展概况及启示[J]. 上海商业，2023（01）：223—225.

[11] 苏敏. 市县级政府创业投资引导基金在地方经济转型升级

中的重要作用[J].商业观察,2022(35):72-74.

[12] 卓旭东.创业投资引导基金的绩效评价办法[J].现代营销(上旬刊),2022(12):64-66.

[13] 李霞.创业投资引导基金对经济高质量发展影响的实证研究[D].辽宁大学,2022.

[14] 尹航,刘佳欣,曾人民.创业投资引导基金作用下中小企业商业模式创新的策略演化研究[J].系统工程理论与实践,2022,42(08):2139-2159.

[15] 张瑞琴,贺尊.湖北省创业投资引导基金现状与对策研究[J].经营与管理,2022(06):165-172.

[16] 黄玥,宋加山,王仰东.创业投资引导基金资助下中小上市企业的发展特征与成长性[J].科技管理研究,2022,42(06):18-27.

[17] 王伟光,李霞,魏岚,张钟元.创业投资引导基金对产业结构升级影响及传导机制分析[J].地方财政研究,2022(03):76-83.

[18] 程聪慧,褚清清.创业投资政府引导基金政策扩散研究——基于全国31省数据的事件史分析[J].南方经济,2022(01):115-130.

[19] 樊莹.创业投资引导基金现存问题和对策研究——以山西省为例[J].当代会计,2021(23):31-33.

[20] 唐翔.政府创业投资引导基金绩效评价体系的建构——基于主成分和层次分析组合方法的研究[J].当代经济,2021(10):34-39.

[21] 王斌.政府创业投资引导基金激励监督策略分析[J].电子科技大学学报(社科版),2021,23(05):49-59.

[22] 刘红刚.设立创业投资引导基金助推山西自主创新发展的思考[J].科技创新与生产力,2021(09):8-9+12.

[23] 王辉,汪炜.创业投资引导基金实现政策目标了吗?[J].科学研究,2022,40(06):1044-1053.

［24］张卫星，王奕，许栋明，张彦琴，王仰东. 科技型中小企业创业投资引导基金管理实践与启示［J］. 华东科技，2021（08）：58－61.

［25］刘炜煜. DL 创投公司创业投资引导基金运营管理研究［D］. 贵州大学，2021.

［26］玑微. 两部门联合印发《国家科技成果转化引导基金创业投资子基金变更事项管理暂行办法》［J］. 机器人技术与应用，2021（02）：4－5.

［27］边思凯. 创业投资引导基金的效用与机制［D］. 上海财经大学，2021.

［28］赵杰，袁天荣. 政府引导基金创新创业投资研究评述［J］. 财会通讯，2021（10）：14－19.

［29］赵彬. 政府创业投资引导基金绩效评价指标构建及权重研究［J］. 科技创业月刊，2020，33（07）：1－10.

［30］赵彬. 政府创业投资引导基金绩效提升路径分析［J］. 理论探讨，2020（04）：108－113.

［31］李岩城. 吉林省创业投资引导基金发展问题研究［D］. 广西大学，2020.

［32］贺江华. 创业投资政府引导基金的法律规制研究［J］. 人民论坛，2020（15）：232－233.

［33］李霞，张钟元，冯荣凯，魏岚. 农业创业投资引导基金发展对策建议研究［J］. 农业经济，2020（02）：91－93.

［34］杨敏利，丁文虎，郭立宏，MarcusW. Feldman. 创业投资引导基金补偿机制对创投机构网络位置的影响研究［J］. 管理评论，2020，32（01）：107－118.

［35］李婷，王巧义. 河北省创业投资引导基金绩效评价体系的构建［J］. 产业经济评论，2020（01）：63－72.

［36］丁灵. 政府引导基金能引导企业科技创新吗——基于创业投资引导基金［J］. 北方经贸，2020（01）：40－42.

［37］闫海. 政府引导基金支持创业投资的法律规制问题探讨

[J]. 长白学刊, 2019 (05): 108-113.

[38] 徐丽军, 韩芳. 创业投资引导基金管理与会计核算探讨 [J]. 新会计, 2019 (06): 54-56.

[39] 方磊. 政府创业投资引导基金投资效率研究 [D]. 天津师范大学, 2019.

[40] 董建宏. 基于模糊评价法的政府创业投资引导基金绩效评价方案设计 [D]. 贵州财经大学, 2019.

[41] 胡海燕. 区域视角下创业投资引导基金的引导作用研究 [D]. 西南交通大学, 2019.

[42] 张莹莹. 河北省创业投资引导基金绩效评价研究 [D]. 河北经贸大学, 2019.

[43] 赵泾. 上海市创业投资引导基金发挥了引导作用吗？[D]. 上海师范大学, 2019.

[44] 万婷. 我国创业投资引导基金的发展现状及对策研究 [D]. 安徽大学, 2012.

[45] 李婷. 促进河北省创业投资引导基金发展的对策研究 [J]. 经济论坛, 2019 (03): 63-67.

[46] 丁崇泰. 政府创业投资引导基金发展及美国经验借鉴 [J]. 地方财政研究, 2019 (03): 107-112.

[47] 王森. 中国创业投资引导基金参股子基金遴选体系及方法研究 [D]. 西南财经大学, 2019.

[48] 李昕. 创业投资引导基金运作模式的金融学分析 [D]. 复旦大学, 2012.

[49] 程聪慧, 郭俊华. 创业投资政府引导基金: 国外研究进展及启示 [J]. 公共行政评论, 2019, 12 (01): 89-108+213-214.

[50] 郝柏远. 安徽省创业投资引导基金的发展建议 [J]. 安徽科技, 2019 (01): 22-24.

[51] 王娟. 政府创业投资引导基金结存原因及对策分析 [J]. 纳税, 2018, 12 (36): 194.

[52] 张艺馨, 李九斤, 匡瑾璘. 利用政府创业投资引导基金提

高初创企业效益的对策［J］．江苏理工学院学报，2018，24（05）：73－77．

［53］兰定成．武汉市科技创业投资引导基金的实践及建议［J］．科技创业月刊，2018，31（09）：120－123．

［54］刘全山．政府创业投资引导基金风险管理模型的构建及运行机制［J］．财务与会计，2018（18）：38－40．

［55］刘砚平，冯曰欣．现行创业投资引导基金补偿方式的缺陷及其完善措施［J］．山东社会科学，2018（09）：180－187．

［56］周瑾．杭州市创业投资引导基金入围"2017年政府引导基金前十强"［J］．杭州（周刊），2018（31）：63．

［57］朱云欢，张明喜．创业投资引导基金效率评价初步研究［J］．科学管理研究，2018，36（04）：81－84．

［58］程聪慧，王斯亮．创业投资政府引导基金能引导创业企业创新吗？［J］．科学研究，2018，36（08）：1466－1473．

［59］樊洁．河北省创业投资引导基金发展研究及政策建议［J］．全国流通经济，2018（20）：51－52．

［60］向赟，马翔，陆俊月．基于改进直觉模糊层次分析方法的政府创业投资引导基金绩效评价研究［J］．财政研究，2018（07）：106－118．

［61］徐彦文．创业投资引导基金绩效评价研究［D］．山东工商学院，2018．

［62］梁悦．创业投资引导基金运行过程中的政府行为机制研究［D］．安徽工程大学，2018．

［63］向赟政府创业投资引导基金绩效评价研究［D］．浙江大学，2018．

［64］姜宏青，魏小茹．国际经验对我国创业投资引导基金设立与运营的启示［J］．财会月刊，2018（08）：132－136．

［65］贾思哲．创业投资引导基金的引导效果研究［D］．厦门大学，2018．

［66］李雪婷，宋常．政府创业投资引导基金的角色定位与管理

逻辑［J］．中国行政管理，2018（03）：102－105．

［67］倪宣明，黄嵩，石思睿．政府对创业投资基金市场的引导路径探析［J］．上海金融，2018（01）：69－74．

［68］齐伟，于海洋．辽宁创业投资引导基金发展探讨［J］．法制博览，2017（34）：53．

［69］吴石磊，王学真．现代农业创业投资引导基金及其梭形投融资机制构建［J］．宏观经济研究，2017（11）：163－170．

［70］陈旭东，刘畅．政府创业投资引导基金带动创业了吗？［J］．上海经济研究，2017（11）：22－32．

［71］王斌．吴江创业投资引导基金的管理运作［J］．唯实（现代管理），2017（11）：27－30．

［72］曹按照，张从俊，陈倩．基于线性组合模型的区域创业投资引导基金效率评价［J］．皖西学院学报，2017，33（05）：47－53＋112．

［73］杨敏利，丁文虎，郭立宏．创业投资引导基金参股对创投机构后续募资的影响研究［J］．预测，2017，36（05）：43－48＋61．

［74］刘畅．政府创业投资引导基金结存原因及对策分析［J］．时代金融，2017（26）：35－36＋42．

［75］陈志强，田美娟，张红梅．政府创业投资引导基金能促进区域创新能力的提高吗？——基于省际面板数据的实证研究［J］．时代金融，2017（24）：218－219．

［76］何朝林，梁悦．创业投资引导基金运行中的政府行为——基于科技型中小企业技术创新［J］．科学管理研究，2017，35（04）：99－102．

［77］梁悦，何朝林．基于创业投资引导基金的中小企业融资策略［J］．皖西学院学报，2017，33（04）：56－60．

［78］王建慧．国内外创业投资引导基金研究综述［J］．纳税，2017（20）：148．

［79］董建卫，王晗，郭立宏．单独投资还是联合投资——创业

投资引导基金投资对创业企业融资的影响[J]. 经济问题, 2017 (06): 34-38+102.

[80] 陈志强. 政府创业投资引导基金引导效应的研究[D]. 贵州财经大学, 2018.

[81] 张悦. 云南省创业投资引导基金风险成因及对策研究[D]. 云南财经大学, 2017.

[82] 王哲. 政府创业投资引导基金绩效评价实证研究[D]. 贵州财经大学, 2017.

[83] 夏远林. 创业投资政府引导基金绩效评价方案设计[D]. 浙江大学, 2017.

[84] 邓飞. 政府创业投资引导基金发展的问题与对策研究[D]. 中国财政科学研究院, 2017.

[85] 徐文舸. 政府性创业投资引导基金的国际镜鉴——基于对以色列、澳大利亚的比较分析[J]. 国际金融, 2017 (05): 51-59.

[86] 钟华, 何美奋, 林杰. 高校大学生创新创业成果孵化平台建设研究——以设立大学生创业投资引导基金为例[J]. 教育教学论坛, 2017 (19): 38-39.

[87] 侯亚锦. 创业投资引导基金对创投市场的引导效应研究[D]. 山东财经大学, 2017.

[88] 李宏业. 创业投资引导基金补偿方式优化研究[D]. 山东财经大学, 2017.

[89] 郑笑. 我国政府创业投资引导基金对创业投资企业遴选体系构建的研究[D]. 对外经济贸易大学, 2017.

[90] 郭明辉. 湖北省政府创业投资引导基金实践研究[D]. 华中师范大学, 2017.

[91] 刘国立. 创业投资引导基金绩效评价研究[D]. 青岛科技大学, 2017.

[92] 董建卫, 郭立宏. 创业投资引导基金的补偿机制对引导效应的影响[J]. 中国科技论坛, 2017 (04): 5-12.

[93] 闫海. 省级政府创业投资引导基金法制发展研究——以辽宁省相关规定为例 [J]. 地方财政研究, 2017 (03): 17-23.

[94] 孔令. 创业投资引导基金监管法律制度研究 [D]. 西南政法大学, 2017.

[95] 郑敏, 郑齐明. "互联网+"背景下创业投资引导基金发展——以杭州市为例 [J]. 浙江经济, 2017 (04): 48-49.

[96] 李萌. 创业投资引导基金发展若干问题思考——基于战略性新兴产业发展视角的分析 [J]. 价格理论与实践, 2016 (12): 171-174.

[97] 苟永. 陕西省创业投资引导基金运作模式研究 [D]. 西北大学, 2016.

[98] 吴石磊, 王学真. 创业投资引导基金与现代农业发展对接机制研究 [J]. 求是学刊, 2016, 43 (06): 67-73.

[99] 黄琼, 李瑞雪. 创业投资引导基金法律制度研究——基于政府角色定位的思考 [J]. 新金融, 2016 (11): 45-50.

[100] 卢慧芳. 广东省创业投资引导基金退出机制研究 [J]. 时代金融, 2016 (30): 47+54.

[101] 杨琳. 破除机制障碍助力创新驱动——陕西创业投资引导基金的运作实践 [J]. 西安财经学院学报, 2016, 29 (05): 9-13.

[102] 王资燕. 政府创业投资引导基金风险分析及绩效评价研究综述 [J]. 科技创业月刊, 2016, 29 (17): 21-23.

[103] 刘宁悦, 黄子桐. 政府创业投资引导基金发展探析 [J]. 宏观经济管理, 2016 (09): 34-38.

[104] 张鑫. 科技型中小企业创业投资引导基金运作管理模式的影响因素研究 [J]. 沿海企业与科技, 2016 (04): 32-34.

[105] 马海涛, 师玉朋. 提升政府创业投资引导基金发展的建议 [J]. 经济研究参考, 2016 (36): 9.

[106] 蔡敏. 我国战略性新兴产业创业投资引导基金绩效评价研究 [J]. 市场研究, 2016 (06): 17-18.

[107] 赵维久. 我国创业投资引导基金对社会资本的带动效应 [J]. 财会月刊, 2016 (17): 122-128.

[108] 任振兴. 基于中小企业融资的创业投资引导基金运作机制研究 [D]. 安徽工程大学, 2016.

[109] 马海涛, 师玉朋. 政府创业投资引导基金发展现状与制度改进 [J]. 地方财政研究, 2016 (05): 4-8+22.

[110] 夏金伟. 关于北京市中小企业创业投资引导基金发展现状的研究 [J]. 经济师, 2016 (05): 32-33.

[111] 贾广超. 基于模糊 DEA 的科技型中小企业创业投资引导基金绩效评价研究 [D]. 贵州财经大学, 2016.

[112] 王哲, 陈志强, 张红梅. 新兴产业创业投资引导基金绩效评价研究 [J]. 科技创业月刊, 2016, 29 (07): 23-24+27.

[113] 李昕芳. 政府创业投资引导基金的政策效果研究 [D]. 西安理工大学, 2016.

[114] 房燕, 鲍新中. 中国政府创业投资引导基金效用——基于随机效应模型的实证研究 [J]. 技术经济, 2016, 35 (02): 58-62+101.

[115] 李杰, 程乾. 政府创业投资引导基金的新发展与问题分析——以江苏省为例 [J]. 经济研究导刊, 2016 (06): 80-82.

[116] 孟凡博, 李燕, 于晓珂, 等. 强化辽宁省创业投资引导基金发展的对策分析 [J]. 科技创业月刊, 2016, 29 (02): 29-31.

[117] 余得生. 创业投资引导基金激励性规制研究 [J]. 江西社会科学, 2015, 35 (12): 33-37.

[118] 刘晶元. 科技型中小企业创业投资引导基金上海地方执行现状及展望 [J]. 华东科技, 2015 (12): 72-75.

[119] 沈琦. 创业投资引导基金运作模式优化研究 [J]. 国有资产管理, 2015 (11): 50-51.

[120] 杨琳. 我国创业投资引导基金的发展历程及运作成效分析 [J]. 中国商论, 2015 (21): 157-159.

[121] 刘春晓，刘红涛，孟兆辉. 政府创业投资引导基金参股基金绩效评价研究 [J]. 上海金融，2015（10）：61—65+39.

[122] 顾婧，任珮嘉，徐泽水. 基于直觉模糊层次分析的创业投资引导基金绩效评价方法研究 [J]. 中国管理科学，2015，23（09）：124—131.

[123] 李静波，徐强强，李新凤. 创业投资引导基金绩效评价指标体系的构建 [J]. 商场现代化，2015（24）：158—159.

[124] 李丰田，王有志，庄雨婷. 中小企业创业投资引导基金之思考——基于目的条款的阐述 [J]. 特区经济，2015（06）：85—86.

[125] 韦孟. 创业投资引导基金市场化运作的风险控制研究 [D]. 中国海洋大学，2015.

[126] 徐伟，王晓君. 关于促进河北省创业投资引导基金发展的政策研究 [J]. 现代商业，2015（15）：93—94.

[127] 刘月. 创业投资引导基金组织形式法律问题研究 [D]. 南京大学，2015.

[128] 黄倩茹. 创业投资引导基金法律制度研究 [D]. 辽宁大学，2015.

[129] 沈琦. 政府创业投资引导基金运作模式优化研究 [D]. 西北农林科技大学，2015.

[130] 巴茜. 吉林省创业投资引导基金绩效评价研究 [D]. 东北师范大学，2015.

[131] 宰玲霞. 创业投资引导基金扶持战略性新兴产业浅析 [J]. 财经界，2015（12）：55+169.

[132] 李宏岩，余彤. 各省创业投资引导基金经验对辽宁省引导基金带来的启示 [J]. 辽宁经济，2015（03）：55—56.

[133] 李志启. 关于国家新型产业创业投资引导基金 [J]. 中国工程咨询，2015（03）：74—75.

[134] 唐文琪. 创业投资引导基金与战略性新兴产业发展 [J]. 赤峰学院学报（自然科学版），2015，31（04）：136—137.

[135] 国务院. 设立 400 亿国家新兴产业创业投资引导基金 [J]. 中国对外贸易, 2015 (02): 28.

[136] 赵超霖. 创业投资引导基金撬动创新猜想 [J]. 中国战略新兴产业, 2015 (04): 22—23.

[137] 天空蓝. 国家新兴产业创业投资引导基金的背后 [J]. 时代金融, 2015 (04): 8.

[138] 国家新兴产业创业投资引导基金设立 [J]. 中国人力资源社会保障, 2015 (02): 8.

[139] 黄曼远, 孟艳, 许文, 等. 欧洲投资基金管理运作模式及对我国政府创业投资引导基金的借鉴 [J]. 经济研究参考, 2015 (07): 87—96.

[140] 筱露. 国家设立新兴产业创业投资引导基金 [J]. 纺织服装周刊, 2015 (04): 8.

[141] 朱立群, 李朝晖. 我国创业投资引导基金的运作绩效评价 [J]. 会计之友, 2015 (02): 72—75.

[142] 虞亮, 陈佳亭, 李楠. 创业投资引导基金发展现状、问题及对策 [J]. 产权导刊, 2015 (01): 42—44.

[143] 杨敏利, 李昕芳, 仵永恒. 政府创业投资引导基金的引导效应研究 [J]. 科研管理, 2014, 35 (11): 8—16.

[144] 李红润. 创业投资引导基金理事会的行政化现象考察 [J]. 上海金融, 2014 (11): 42—47+32.

[145] 陈园. 创业投资引导基金目标评价体系构建 [D]. 浙江工商大学, 2014.

[146] 周揽月, 姜欣. 北京市中小企业创业投资引导基金运作模式研究 [J]. 中外企业家, 2014 (22): 83—84.

[147] 秦子生, 刘洋. 创业投资引导基金的运作机理分析 [J]. 市场论坛, 2014 (07): 45—46.

[148] 张译文. 我国创业投资引导基金存在的问题及对策 [J]. 经济纵横, 2014 (07): 87—90.

[149] 秦子生, 舒颖. 我国创业投资引导基金运作模式研究

[J]. 金融发展研究，2014（06）：77-80.

[150] 李红润. 创业投资引导基金参股协议刍议 [J]. 河南工程学院学报（社会科学版），2014，29（02）：50-55.

[151] 谢燕. 区域创业投资引导基金运作协同机制研究 [D]. 华南理工大学，2014.

[152] 孟兆辉，李蕾，谭祖卫，等. 政府创业投资引导基金委托管理模式及激励约束机制比较分析 [J]. 科技进步与对策，2014，31（17）：11-15.

[153] 贺文龙. 政府引导基金对创业投资市场的影响研究 [D]. 暨南大学，2014.

[154] 麻黎黎. 高校创业教育生态系统运作模式研究——以宁波市大学生创业投资引导基金为例 [J]. 科技创业月刊，2014，27（04）：22-24.

[155] 李宏岩. 对辽宁创业投资引导基金发展的思考 [J]. 价值工程，2014，33（08）：188-189.

[156] 李红润. 论公私合作背景下创业投资引导基金的权利 [J]. 金融理论与实践，2014（03）：29-35.

[157] 秦智鹏. 我国战略性新兴产业创业投资引导基金绩效指标体系研究 [D]. 对外经济贸易大学，2014.

[158] 张晓晨. 我国创业投资引导基金的运营研究 [D]. 吉林财经大学，2014.

[159] 朱文莉，刘思雅. 政府创业投资引导基金发展现状、问题及对策 [J]. 会计之友，2014（02）：43-47.

[160] 谭中明，朱忠伟. 我国政府创业投资引导基金实践模式比较与改进策略 [J]. 地方财政研究，2013（11）：25-28.

[161] 李毅辉. 地方创业投资引导基金运作模式探讨 [J]. 现代管理科学，2013（11）：79-81.

[162] 赵冲. 中国创业投资引导基金管理机制的探究 [J]. 财经界，2013（32）：104-105.

[163] 吴遥. 政府创业投资引导基金管理研究 [D]. 南京农业

大学，2013.

[164] 刘艳婷. 我国创业投资引导基金运行机制存在的问题及措施 [J]. 经济论坛，2013 (10)：60－62.

[165] 张军. 创业投资引导基金运作模式研究 [J]. 云南社会科学，2013 (05)：69－72.

[166] 四两拨千斤撬动创业投资宁波市创投引导基金杠杆效应不断显现 [J]. 宁波经济（财经视点），2013 (09)：8.

[167] 邝启宇. 大陆与台湾地区创业投资引导基金初步对比分析 [J]. 东方企业文化，2013 (17)：198－199.

[168] 周岑岑. 无锡市创业投资引导基金的发展浅析 [J]. 江苏科技信息，2013 (16)：6－8.

[169] 陈昌潍，崔毅. 创业投资引导基金投资效率的演化博弈分析——基于政府和创业投资企业行为视角 [J]. 商业会计，2013 (16)：59－61.

[170] 翟俊生，钱宇，洪龙华，黄艳. 政府创业投资引导基金运作模式研究 [J]. 宏观经济管理，2013 (08)：58－59＋76.

[171] 王芝文，陆平，张军涛. 科技型中小企业创业投资引导基金引导方式及江苏省实施情况浅析 [J]. 江苏科技信息，2013 (13)：1－3.

[172] 宋宪灵. 对政府创业投资引导基金发展现状的思考和建议 [J]. 财经界，2013 (20)：78.

[173] 李湛，张华. 浅谈政府创业投资引导基金的监督和激励机制设计 [J]. 商业会计，2013 (12)：5－7.

[174] 科技型中小企业创业投资引导基金工作研讨会在珠海召开 [J]. 中国高新技术企业，2013 (16)：6.

[175] 高蕾，李西文. 创业投资引导基金与战略性新兴产业发展的问题与建议——以河北省为例 [J]. 河北大学学报（哲学社会科学版），2013，38 (03)：154－157.

[176] 柏榆芳. 我国政府创业投资引导基金风险管理研究 [D]. 云南财经大学，2013.

[177] 庞国存. 中国创业投资引导基金运作模式研究 [D]. 辽宁大学, 2013.

[178] 林卡. 国内外创业投资引导基金运作模式的比较及启示 [J]. 经营与管理, 2013 (03): 84—86.

[179] 金玮. 我国创业投资引导基金激励机制探析 [J]. 生产力研究, 2013 (03): 71—73.

[180] 王斐俊, 丁秋琳, 吴天宇. 宁波市创业投资引导基金问题分析 [J]. 商场现代化, 2013 (07): 128—130.

[181] 王妍. 试论政府创业投资引导基金的发展 [J]. 市场周刊 (理论研究), 2013 (01): 75—76.

[182] 石琳. 创业投资引导基金绩效评价研究 [D]. 东华大学, 2013.

[183] 季燕霞, 丁武东. 政府创业投资引导基金在地方经济转型中的功能及其发挥 [J]. 理论导刊, 2012 (12): 90—92.

[184] 朱孔来, 刘晓峰, 刘瑞波. 基于生命周期的政府引导型创业投资基金策略 [J]. 中南财经政法大学学报, 2012 (05): 55—60.

[185] 石琳, 田增瑞. 创业投资引导基金的绩效评价研究 [J]. 企业活力, 2012 (09): 13—18.

[186] 李晓伟, 臧树伟. 我国创业投资引导基金的制度供给、运行偏差及制度改进 [J]. 中国科技论坛, 2012 (09): 129—133.

[187] 张艳蓉. 浅谈创业投资引导基金的法律调整 [J]. 法制博览 (中旬刊), 2012 (08): 41—42.

[188] 陈蕾. 我国创业投资引导基金的主要模式研究——兼论福建省引导基金模式选择 [J]. 集美大学学报 (哲学社会科学版), 2012, 15 (03): 22—26+39.

[189] 孙宁. 威海市政府创业投资引导基金的案例分析 [J]. 商品与质量, 2012 (S7): 97.

[190] 张勇. 创业投资引导基金风险防范机制的构建 [J]. 江西社会科学, 2012, 32 (05): 69—72.

[191] 王利明. 引导基金对私人资本、创业投资企业和创业投资家的激励机制研究 [D]. 重庆大学，2012.

[192] 张勇. 创业投资引导基金运行机制研究 [D]. 南开大学，2012.

[193] 孔海兰. 政府创业投资引导基金的国际经验比较及对中国的启示 [D]. 辽宁大学，2012.